正しさってなんだろう

14歳からの
正義と格差の授業

佐藤優

Gakken

はじめに

みなさん、はじめまして。佐藤優《さとうまさる》です。この本を手にとってくださり、ありがとうございます。

私は、人格形成においてもっとも重要な時期は、中学生時代と考えています。そのため本書では、中学2年生（13〜14才）のナギサとミナトの2人を主人公にしています。

思春期をむかえると、まず親との関係が変化してきます。これは中学受験と高校受験を比べれば、はっきりとします。思春期になって、あるていど自我が確立した中学生が取り組む高校受験は、中学生本人と学校（と塾《じゅく》）によって進められます。対して中学受験は親が子どもと一体になって、塾と綿密に連絡を取りながら進めていくことになります。小学校は受験には関与しません。

中学受験で親（特に母親）と子どもが一体感を強めすぎてしまうと、中学に入って思春期を迎えても親の子離《ばな》れ、子の親離れがむずかしくなってしまいます。

自立した人格を形成する上で重要なのは、両親以外のよい大人と中学生時代に知り合うことだと私は考えています。この物語に出てくる、ふしぎな図書館「ともしび」館長のロダン先生は、中学生にとって理想的なメンター（よき助言者）となる人人です。

親との関係、友人との関係、勉強や受験の意味など、本書を通じて、ミナト、ナギサ、ロダン先生の3人とともに、読者も一緒に考えてもらえるとうれしいです。

佐藤優

プロローグ　ふしぎな図書館「ともしび」

「ナギサ、ちょっと待って～！」

学校からの下校途中《とちゅう》、背後から呼び止められたナギサは後ろをふり向いた。声の主はミナト、同い年の中2男子だ。

ナギサとミナトは幼なじみで、小学校時代は何をやるのもいっしょだった。でも、中学に入って別々のクラスになり、背が急に伸《の》びたミナトがバスケ部に入ってからは、接点がなくなってしまった。家が近所で、通学路も同じなのに、ほとんど顔を見かけなくなったのは、帰宅部のナギサとは、生活時間帯がちがうからだろう。だが、いまは定期テスト前で部活は禁止。それで帰宅時間がかぶったらしい。

「ちょうどよかったよ。理科の授業、全然聞いてなかったから、教えてほしいんだけど」

「ちょうどよかった？？？　テスト勉強くらい自分でしなさいよ」

「そう言わずにさ、ちょっと教えてよ。ノートを写すだけでもいいからさ～」

「ひさしぶりに口きいたと思ったら、それ？　もっとまともな話はないわけ？」

わたしはあんたの便利屋さんじゃないんだからね、とは口に出さなかった。そう、ミナトと最後に話をしたのは、もう何か月も前のことなのだ。

「そっか～、ずっと会ってなかったもんな～」ミナトはみょうに感慨《かんがい》深げにそう言ったものの、急に思い出したかのように、「そういえば、ミサキちゃんは元気？　来年から中学じゃなかった？　うちの学校に来るの？」と聞いてきた。

ミサキというのは、ナギサの２つ下の妹だ。よりによって、なんで、このタイミングでミサキなの？　わたしと話すの、すごいひさしぶりだっていうのに……。でも、そんなことはおくびにも出さずに、ナギサは言った。

「そう、来年から中学生。中学受験なんてしないから、同じ中学に入る予定。……ミナトのお母さんは？　相変わらずガミガミ言ってくるの？」

ミナトの母親は、とにかくなんにでも口をつっこんでくるので昔から有名だった。ミナトのお母さんのグチは、小学校時代の２人の定番ネタだったのだ。

「そりゃ、もう。今回のテストだって、赤点とったら部活辞めさせるからね、の一点張りで……」ミナトの顔がみるみるゆがんだ。このわかりやすさは、小さいころから変わらない。「だから、絶体絶命のピンチなわけ。助けると思って、ね、勉強教えてよ～」

手を合わせて拝みたおそうとするミナトを満足気にながめつつ、ナギサは宣言した。

「わたしも家帰ってテスト勉強しようと思ってたから、いっしょにやってあげる。ただし、うちに来るのはダメ」妹がいるからなんて、口が裂《さ》けても言わない。「行ってみたいところがあるんだ。それでよければ」

「もちろん、どこにでもついて行きます！」とミナトは調子よく答えた。

「ミキ先輩《せんぱい》から聞いたんだけど、坂の上の氷川神社の近くに、だれでも入れる小さな図書館があるんだって」

「ミキ先輩って、あの超優秀なミキ先輩？　たしか県内一の進学校に行ったんだよね」

「そう、そのミキ先輩。何時間いても文句も言われないし、うちの生徒もほとんどいないから、だれにもジャマされずに勉強に集中できるんだって」ということは、だれにも見られる心配はない、ということだ。

「へ〜。はじめて聞いたよ」

それはそうだろう。うちの学校でも知る人ぞ知る穴場スポットなのだ。情報オンチのミナトの耳に入っているはずがない。

だが、ナギサがその図書館に興味をもったのには、もう1つ、別の理由があった。どうやら、その図書館には、知りたいことはなんでも教えてくれる賢人《けんじん》がいるらしいのだ。ミキ先輩は、ナギサが尊敬していた数少ない先輩の1人だったが、中学のとき、その図書館に通っていろんな話を聞いた、とこっそり教えてくれたのだ。

2人は帰宅して着替《きが》えてから、自転車で氷川神社に向かった。制服のままいっしょにいるところを見られたくなかったからだ。

神社の境内は木々が鬱蒼《うっそう》と生いしげり、ほの暗い雰囲気《ふんいき》だった。目当ての図書館はすぐに見つかった。神社のすぐとなりにあったのだ。

中庭に面した門のところに「無料で本を貸し出します。ともしび」という木の看板がぶらさがっていた。「ご自由にお入りください。」「コーヒーあります。」という小さなカードが2枚、看板のところに貼《は》りつけてある。庭の奥《おく》にある白い建物は、全面ガラス張りになっていて、中の本棚が見通せた。

ミナトは最初、門の外から中の様子をうかがっていたが、ナギサが庭から建物へとつづく小《こ》径《みち》をずんずん進んでいくのを見て、あわててあとを追いかけた。入り口の木の扉《とびら》の手前でナギサをかわすと、ミナトは深呼吸をひとつしてから、おもいきって扉を開けた。

カランカランという鈴《すず》の音とともに、コーヒーのいい香りが漂《ただよ》ってきた。正面には立派な暖《だん》炉《ろ》があり、あたたかなオレンジの光を放っていた。

暖炉の脇《わき》にある小さなカウンターの奥には、メガネをかけたおじさんがぽつんと座って本を読んでいた。カウンターには、淹《い》れたてらしいコーヒーが湯気を立てている。

両側の壁《かべ》には、板張りの床《ゆか》から天井までびっしり本がつまっていた。部屋の真ん中には大きな木のテーブルがあり、それを取り囲むように、小さなイスが6脚《きゃく》並んでいた。2人のほかに利用者はいないようだった。

おじさんは「いらっしゃい」と小さく会釈《えしゃく》をすると、「お好きなところにどうぞ」と言った。

ナギサはイスの1つに通学カバンを置くと、ふり返っておじさんにたずねた。

「すみません。なんでも質問に答えてくれる人がいるって、聞いてきたんですけど……」

「えっと──」おじさんは少しおどろいたようだった。「話は聞きます、よろこんで。うちに来る人たちは、どういうわけかいろいろ相談してくれるし、ぼくは人の話が聞きたくて、こんなことをやっているくらいだからね。だから、なんでも気軽に聞いてくれてかまわない。ただし──」

おじさんはそこで息をつくと、ナギサとミナトを交互に見ながら言った。

「話を聞いて、それについてぼくが考えたことは言うけれど、それはあくまで〝ぼくの意見〟であって、〝正しい意見〟でも〝唯一の正解〟でもない。そのことはぜひ知っておいてほしいんです」

「わたしが別の意見でも、かまわないってことですか?」

「かまわないどころか、それが当たり前なんです。だって、人間は1人ひとりみんなちがうんだから。別々の人間がまったく同じ意見をもっていたら、逆におかしいでしょ?」

ナギサはキョトンとしてしまった。そんなことを言われたのははじめてだった。

「ぼくの言ったことが、あなたたちが考えるときのヒントになれば、ぼくだってうれしい。だけど、考えるのは、やっぱり、あなたたち自身なんです。ぼくの言葉を全部真《ま》に受ける必要はないし、否定してもらって全然かまわない。大事なのは自分の頭で考えること。自分で考えるから、それが〝自分の意見〟になるんです。別のだれかさんの意見ではなく」

それまでだまって2人の話を聞いていたミナトが突然《とつぜん》口を開いた。「親の意見じゃなくて!?」

おじさんはミナトの顔を正面から見て言った。「もちろん！　親子であっても別人格だからね。親の意見と子どもの意見がちがうのは当然で、むしろ健全なことです」

「母親の考えをおしつけられて困っているんですけど……」

「お母さんはあなたにどうしてほしいと言ってるの？」

「毎日、〝勉強しろ、勉強しろ〟ってうるさいんです。ちょっとでもサボると、〝あなたのために言ってるのに！〟と文句を言うし。でも、それって、ぼくのためじゃなくて、母親自身のためじゃないかなと思うことがよくあって――」

「じゃあ、その話を聞くところからはじめましょうか」そう言うと、おじさんは、ミナトの顔をまじまじと見ながら聞いた。「ところで、あなたの名前はなんて言うの？」

「ミナトです。こっちがナギサ。同じ中学に通っています」

ミナトが答えると、ナギサが口をはさんだ。

「ナギサです。よろしくお願いします。いろいろ話を聞かせてください。ところで……先生のお名前はなんとおっしゃるんですか？」

「ぼくの名前かい？」おじさんは小首を傾け、暖炉のほうを見ながら言った。「この図書館の名前は〝ともしび〟でしょ。それに、なかには〝暖炉〟もあるから、ひっくり返して〝ロダン〟と呼ぶ人が多いね」

「ロダン先生！」２人は声をそろえていった。

「だけど、あの暖炉は飾りで、実は、電気で部屋をあたためているんだ。本物の薪《まき》ストーブだと、火が本に燃えうつっちゃうかもしれないからね」ロダン先生は片目をつぶってみせた。「それに、飾りものの暖炉が相手なら、気をつかわずになんでも話せるでしょ？　ぼくにできるのは、あなたたちの話を聞くことだけなんだから」

ロダン先生はそう言うと、カウンターの後ろで立ち上がり、なにやら準備をはじめた。

「あなたたち、コーヒーは飲める？　若いから、カフェインが入っていないデカフェのコーヒーがいいね。もちろん、ぼくのおごりだ。２人の話はコーヒーを飲みながらゆっくり聞くとしよう」

これが、ともしびのロダン先生と、ナギサとミナトとの出会いだった。

正しさってなんだろう
14歳からの正義と格差の授業

もくじ

1日目 親って正しいの？

3日目　同い年なのになぜちがうの？

スタッフ
編集協力　田中幸宏
イラスト　あすぱら
図版　石山沙蘭
DTP　野中賢（システムタンク）
安田浩也（システムタンク）

登場人物

ミナト

バスケットボールが大好きな、中学2年生。
体を動かすのは好きだが、勉強はあまり得意ではない。
「いいヤツ」なので、友人や後輩からも慕《した》われている。
ナギサは親同士もなかよしの幼なじみ。

ナギサ

インドア派の中学2年生。
本を読むのが好きな、ちょっと人見知りタイプ。
勉強は得意なほうで、成績はクラスでも上位。
小さいころからいっしょにいるミナトとは、くされ縁《えん》の仲。

ロダン先生

なぞの図書館「ともしび」の館長。
読書好きの趣味が高じて家1軒分になった蔵書《ぞうしょ》を活用すべく、
私設《しせつ》図書館として開放している。
子どもや学生が「第3の居場所」として使うことも。

1日目

親って正しいの？

いい香りのするコーヒーをカップに注ぎ、ナギサとミナトの前に置いたロダン先生は、２人と向かい合うイスにゆっくり腰をおろすと語り出した。

〜・〜・〜・〜・〜・〜・〜・〜・〜・〜・〜・〜・〜・〜・〜・〜・〜・〜・〜

ロダン　さて、ミナトさんのお母さんの話を聞かせてください。勉強しろとうるさいって言っていましたよね。

ミナト　そうなんです。こっちは毎日部活でクタクタだっていうのに。

ナギサ　ミナトのお母さん、そういうこと言いそうだよね。

ミナト　しかも、あなたのためを思って言ってるのよ、みたいにおしつけてくるのがムカつく！　小学校のときも、行きたくもない英語塾《じゅく》やプール教室に無理やり入れられた記《き》憶《おく》が……。

ナギサ　小学校のときは、月木は塾、火はピアノ教室、水土はバレエ教室で、休みが金曜日と日曜日しかなかったなあ。好きでやってたのもあるけど、親に「やらされてる感」が強かったです。

ロダン　まとめると、あなたたちが聞きたいのは、こんなことかな？

第1の質問

「あなたのため」っていろいろおしつけてくるけれど、それって親の自己満足じゃないの？

ミナト まさにそれです！　親の自己満足！

ロダン いまの小学生はホントにいそがしくて、習い事をいくつもかけもちする人も多いよね。中高生になると今度は部活があるし、塾に行く人も多いから、「休みがほとんどない！」という声もよく聞きます。そんなにたくさんつめこむのは、なんででしょうか。やっぱり親の自己満足にすぎないのかな？

ミナト 部活のバスケは好きだからいいけど、小学校時代の英語やプールは親が勝手に決めたことだから。

ナギサ バレエは、お母さんも小さいころにやりたかったと言ってました。もしかして、わたしはその代役？

ロダン 親の夢を勝手に子どもに託《たく》しているように見えることは、あるかもしれません。はじめて習い事に行ったとき、それは自分でやりたいと言ったから？　それともお母さんに言われてはじめたの？

ミナト　完全に親主導でした。自分で決めたのは、部活がはじめてかもしれない。

ナギサ　ピアノは自分でやりたいって言いました。幼稚園《ようちえん》時代のお友だちが習ってたから。塾は、母親に「行っておいたほうがいい」と言われて行った気がします。

勉強しなくちゃいけないのは、人間が特殊な動物だから!?

ロダン　まだ小さかったときは、お父さん、お母さんに「やりなさい」と言われてはじめた人が多いかもしれないけど、自分のほうから「やりたい！」と言った場合も、心のなかではどこかで「これをやればお母さんが喜ぶんじゃないか」と思ってたんじゃないかな？　子どもって親の顔色をよく見ているから。無意識のうちに親の希望をおしはかっていることはよくあります。

ナギサ　たしかに、ありがちですね。

ロダン　そうすると、子どものほうでは、親からおしつけられたと思っているかもしれないけれど、親からすると、子どもがやりたがっていたことをやらせているだけだと思っているかもしれません。

ミナト　どっちもどっちってこと？

ロダン　ここで考えなければいけないのは、人間はすごく特殊《とくしゅ》な動物だということです。人間はほかの動物とちがって、たいへん未熟な状態で生まれてくる。たとえば、子ネコは小さいし、かわいいけれど、生後1～2か月もたてば、自分でエサをとれるようになる。ネズミを見ればそれを追いかける。本能がそう命じるからです。ただ、どうやって仕留めたらいいかは、お母さんに教えてもらわないとわかりません。お父さんはほとんど教育しないからね、ネコの場合は。

ミナト　お父さんは役立たずなのか（苦笑）。

ロダン　ところが、半年もたつと、あんなに子ネコをかわいがっていた母ネコが、子ネコが近寄ってきただけで、「あっちに行け！」と威嚇《いかく》して追い出してしまうんです。

ナギサ　ひどい……。

ロダン　母ネコは、子ネコがもうひとりで生きていけると知っているから、そうするわけです。たいていの動物は、半年もすれば自立できてしまう。ところが、人間が本能でできることはすごく限られています。人間の場合、生まれつきの本能よりも、あとから身につけた知識や経験によって、いろんなことができるようになるんです。だから、言葉を通じて物事を覚えていかなくちゃいけないんだけど、それにはものすごく時間がかかる。小中高で12年、大学もあわせれば16年も勉強するのは、人間が自立して生きていくために知識を身につけることが欠かせないからです。

ナギサ　勉強ってムダなわけじゃないんですね。

ロダン　習い事だってそうです。子どもにいろいろ経験させるのは、そうしないと、どこに才能がねむっているかわからないからです。もしかしたら、泳ぐのがものすごく得意かもしれないし、将棋《しょうぎ》がめちゃめちゃ強いかもしれない。器用に体操をこなすかもしれないし、計算が人よりずっと速くできるかもしれない。

ミナト　やってみなければわからないんですね。

ロダン　一方、中学生が原則アルバイトを禁止されているのは、その年齢ではまだ学習が足りなくて、自立できないとされているからです。でも実際には、ほと

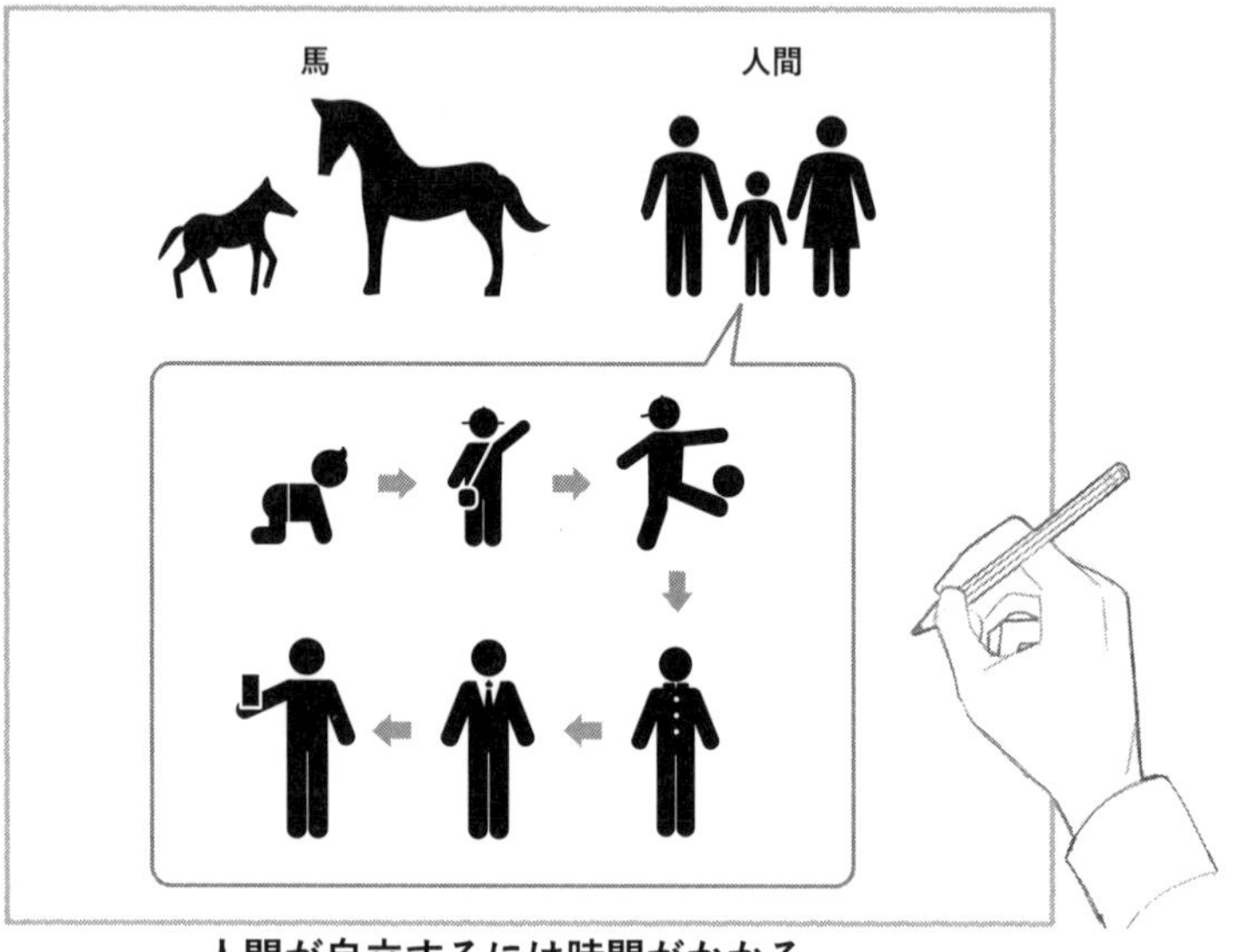

人間が自立するには時間がかかる

んどの人が高校まで進むでしょ？　ということは、18才まで自立できない。さらに、大学や大学院まで行くとなると、22才とか、20代半ばくらいまで自立できないことになる。そういう特殊な動物なんです、人間というのは。

ミナト　勉強しないと自分の足で立つこともできないってことなんだ。

「子どものためを思って」って結局「自分のため」じゃないの？

ロダン　それだけ長い期間、親に食べさせてもらわないといけないから、どうしても親、とくにお母さんとの距離《きょり》が近くなる。子どもが親離《おやばな》れできないだけじゃなく、親のほうもなかなか子離れできなくなってしまうわけです。

ミナト　それが重荷なんですよね。

ロダン　逆に、それだけ長くいっしょにいるから、お父さん、お母さんは、あなたのことが心配でならない。だから、つい「勉強しろ」「宿題やったの？」と口やかましく言ってしまうんです。

ナギサ　でも、そう言われると、「じゃあ、お母さんはどうだったの？」「この数学の問題、解ける？」って逆に聞きたくなっちゃいます。

ミナト　聞かれてもわからないことは、「そんなのは塾の先生に聞きなさい」とか言って、すぐにごまかすんだよね。

ロダン　お父さん、お母さんだって、受験勉強がそのまま社会で役に立つなんて思ってません。ただ、むずかしい学校に上がってレベルの高い教育を受けることによって、子どもの将来の可能性が広がることは知っている。高校より大学、そこそこの大学よりレベルの高い大学を出たほうが、将来、自分のやりたい仕事に就ける可能性が高いんです。

ナギサ　そんなこと言われてても、将来やりたい仕事なんて、まだわかりません！

ロダン　多くの人はそうだと思う。別におかしなことじゃないし、これからいろんなことを見たり、経験したりして、だんだんイメージがわいてくるはずです。だから、あせる必要はありません。

ミナト　ちょっと安心しました（笑）。

ロダン　自分が何になりたいか、決めるのはまだ先でいい。大学生になってからでも、なんなら大人になってからでも、おそくはありません。でも、だからこそ、やりたい仕事が見つかるまで、できるだけ選択肢《せんたくし》を多くしておくほうが有利なんです。何年かして、やっと「なりたい！」と思える仕事を見つけたのに、「あなたの学力では無理です」と言われたら、ショックでしょ？

ナギサ　やりたい仕事が決まってないからこそ、勉強して「そのとき」に備えるというのは、ちょっと目からウロコでした。

ロダン 逆に、やりたいことが決まっている人、将来プロのバレエダンサーやピアニスト、プロサッカー選手になると決めている人は、子どものうちからやっておかないと間に合わない。

ミナト 大人になってから急に「オリンピックに出たい！」と思っても無理だよね。

ロダン ただ、大人になると、選手としてオリンピックに出るのは無理だけど、運営スタッフや競技団体の関係者、アスリート本人のサポート役、あるいは、オリンピックの興奮を世の中に伝えるマスコミ関係者などなど、オリンピックに関わるチャンスはいろいろあることが見えてきます。そうしたことがわかるのも、何年もかけて知識をつみあげてきたからです。

ナギサ それも「選択肢がふえた」結果ですね！

ロダン ほかの子と比べて自分の子が頭がいいとか、野球がうまいとか、発表会で主役を演じたということを自慢《じまん》したい親もいるかもしれない。でも、親の自己満足だけが目的だったら、毎回ガミガミ言わないはずです。だって、言えば言うほど、子どもに反発されるのはわかってるんだから。子どもにきらわれたい親なんて、いないんです。

ミナト 子どもがきらいでやってるわけじゃないんだね。

ナギサ 自分の親に対する不満なら、わたしもあります！　どこどこに連れてってくれると約束してたのにはぐらかされたり、あれ買ってくれると言ってたのに、忘れたふりをしたり……。

ミナト　自分たちは約束を守らないのに、こっちがいつまでもゲームをやってたり、宿題をやらずにいたりすると、すぐに「ゲーム禁止」とか「スマホは10時まで」とか言ってくるのって。ズルくないですか？

第2の質問
子どもには「ウソついちゃダメ」って言うのに、自分たちは平気でウソをつくのはなぜ？

ロダン　あなたたちが言いたいことはよくわかります。どうして「親がズルい！」って感じるかというと、あなたたちはいま成長している途中《とちゅう》で、大人と子どもの中間にいるからだと思います。ちょうど、人間のズルさとか自己中心性に気づきはじめる時期なんです。だから、いままで見えなかった親のズルさが目に入ってくるわけです。

ミナト　大人の入り口ってこと？

ロダン　人間はだれでも自分がかわいい。だから、自分を中心に考えてしまう。それでウソをつくこともあれば、できない約束をしてしまうこともある。実は、ウソと約束というのは、すごく近い関係にあるんです。どういうことかというと、ウソのほとんどは約束を守らないってことだよね？

ナギサ　あっ、そうですね！

ロダン　あなたたちが「親はウソつきだ！」と怒《おこ》るときは、たぶん、親が言ったことを守らない、前に言ったこととちがうことをやるときだと思う。それを裏返して言うと、はじめからなんの約束もしない人は、ウソはつかないということになるわけです。

ミナト　それはそれでさみしいような……。

自分を信用してほしかったら、守れない約束はしないこと

ロダン　大人になって、人から信用を得る方法というのは、実は2つしかありません。1つは約束を破らないこと。もう1つはできない約束はしないこと。この2つを守ると、だいたいウソつきとは呼ばれないで、人から信用されるんです。でもね、できることしか約束しない人というのは、いつも確実にできることしかしないわけでしょ？　そういう人は冒険《ぼうけん》しない人でもあるわけです。

ミナト　危ないことは絶対しないタイプだ！

ロダン　そうです。だから、お父さん、お母さんがウソをついたというときも、2通りのウソがあります。1つは、がんばってやらなきゃと思っていたけど、できなかった場合。たとえば、今度の連休には家族旅行に行こうという約束をしていたとします。ところが、お父さんの会社で問題が発生して、どうしてもお父さんがいないと対処できないとか、おばあちゃんの具合が悪くなって、様子を見に行かなきゃいけないとか、そういうことがあると、家族旅行には行けないかもしれない。これはしかたないことですよね。

ナギサ　ただ、仕事のことを言い訳にされると、何も言えなくなっちゃいます……。

ロダン　でも、最初から適当に口約束だけしていて、いつのまにか「なかったこと」にされることもある。どちらも表面的に見れば「ウソをついた」ことになるけど、ウソをついた背景は全然ちがう。

ミナト　事情があるウソと口からでまかせのウソと、両方あるってことか。

ロダン　そういうことです。だから、親のことを「ウソつき！」と決めつける前に、その裏側に何か事情がかくされていないか、見てあげるといいと思います。あなたたちにも「できない理由」があるように、親にだって「できない理由」があるかもしれない。それがどうしようもない事情のときは、単純に「ずるい」とは言えないんじゃないかな？

ナギサ　う〜ん、そうかも。だけど、こういうのはどうでしょうか。うちには２つ下の妹がいるんですけど、いつも怒られるのはわたしばかりで、損な役割をおしつけられている気がします。これってえこひいきじゃないんですか？

第３の質問

いつも「お姉ちゃんなんだから、がまんしなさい」と言われる。下の子ばかりかわいがって、ずるくない？

ロダン　兄弟姉妹がいる人なら、似たような不満を感じたことがあるかもしれないね。一方的に役割をおしつけられて、イヤな思いをしたということですよね。

ミナト　うちは一人っ子なんで、そういう経験はないけど、たった数年、生まれたのが早かったかおそかったかで差別されるなんて、おかしいよね。

ロダン　上の子は、上の子ばかり損していると感じるかもしれないけど、下の子だって不満はあるはず。たとえば、同性の場合、下の子は新しい服をなかなか買ってもらえません。

ミナト　上の子のお古ばかり着せられるんだよね。

ナギサ　でも、下の子は、上の子の失敗を見て学べるでしょ。ミサキ――というのは、わたしの妹なんですけど――が、お母さんにしかられないようにうまく立ち回ってるの、知ってるんだから！

ロダン　上の子のときは、親にとっても全部はじめての経験だから、親がまちがえることも多いでしょう。それはある意味、しかたないことでもあるよね。下の子は、そのときの経験をふまえて育てられるから、どうしたって失敗のリスクは小さくなる。

ナギサ　そうなんです！

ロダン　だけど、それってそんなに悪いことなんでしょうか？　はじめての子育ては、親にとっても知らないことばかりだから、とにかくいろいろ試してみるはず。いろんなところに連れていくし、いろんなものを見せ、いろんなものに触《ふ》れさせて、どれが子どもの興味を引くか、試行錯誤《さくご》をくり返す。なかには、うまくいかないこともあるでしょう。だけど、2人め、3人めの子になると、上の子でうまくいかなかったことは、あらかじめ取り除かれます。ということは――。

ミナト　経験の幅《はば》がせまくなる！

ロダン　そのとおり。さっき、子どもの才能はどこにねむっているかわからないから、いろいろ経験させると言ったでしょ？　あることに向いていない、これをすると危ないとわかることだって、立派な経験なんです。ところが、下の子は、そういううまくいかない経験をなかなかさせてもらえない。下の子が、お兄ちゃん、お姉ちゃんの様子を見て学ぶように、親だって、何回も子育てをしているうちに学習するんです。ところが、そうすることで、もしかしたら——。

ナギサ 下の子の可能性の芽をつんでしまっているかもしれないと。

ロダン そういうことです。親の試行錯誤の回数は、子どものときの写真の枚数に表れていたりするものです。最初の子の写真や動画はやたらに残っているのに、2人めの子のときはそれほどでもなかったりするのは、それだけ最初の子に手をかけた証拠でもある。もちろん、写真の枚数で愛情の深さがはかれるわけではないけれど、2人め、3人めとなれば、親だって慣れてくるので、どうしたって最初の子よりも手をかけなくなります。

ミナト いちがいに「上だから損」とは言い切れないってことだ。

ジェンダーによる役割のおしつけはやめて！

ロダン 決められた役割をおしつけられるという意味では、性別によって「あれしちゃダメ」「こうしなくちゃダメ」と決めつけられるのがイヤ、という人もいるかもしれません。

ナギサ　小さいころはミナトがうらやましかったな。泥《どろ》んこになっても怒られないし。

ロダン　「女の子にバレエを習わせたい」「男の子は外で元気に遊びなさい」という発想の根底には、「女の子はこうあるべき」「男の子はこうあるべき」という思いこみがあります。でも、それっておかしな話で、別に、女の子がサッカーをやって日本代表を目指してもいいし、世界的なバレエダンサーになりたいという男の子がいたって、全然かまわないわけです。男だからピンクはダメとか、女の子はおしとやかに、というのは全部勝手な決めつけにすぎません。

ミナト　そういえば、幼稚園で「スカートをはきたい」って男の子がいたな。

ロダン　そういう希望は尊重すべきです。ただ、昔ほど「男の子はこれしちゃダメ」「女の子はこれしちゃダメ」ときびしく言われることは少なくなってきたんじゃないかな。いまはＬＧＢＴＱに対する理解も広がってきているし。

ミナト　**LGBTQ**って、よくわからないんですけど……。

ロダン　レズビアン、ゲイ、バイセクシャル、トランスジェンダー、クィア（またはクエスチョン）

※「秘密のノート」に書かれたキーワード

え　**LGBTQ**

レズビアン（女性の同性愛者）、ゲイ（男性の同性愛者）、バイセクシャル（両性愛者）、トランスジェンダー（身体の性と心の性が一致しない人）、クィア（現存の性のカテゴリーに当てはまらない人）の頭文字をくっつけた言葉で、性的マイノリティ全般を指す。同性愛を宗教上の罪とするキリスト教やイスラム教の影響もあり、同性愛嫌悪のホモフォビアは世界中で見られ、同性愛は国によっては刑罰の対象になってきた。そのため、LGBTQの人権を訴えるパレードが各地でおこなわれ、レインボーフラッグ（虹色の旗）はそのシンボルとなっている。

の頭文字をくっつけた言葉で、性的マイノリティ全般を指します。こういう用語については、過去にこの「ともしび」に通った人たちがまとめてくれた「秘密のノート（※）」があるから、それを見るといいですよ。

ナギサ 異性が好きな人もいれば、同性が好きな人も、両性とも好きな人もいるし、身体は男性なのに心は女性の人もいれば、その逆の人もいるってことですよね。

ロダン いろんな性のあり方があって、それを認めていこうというのが世の中の流れです。本当の自分をかくして生きるのはもうイヤだと、本人がみずからＬＧＢＴＱだと**カミングアウト**して、自分たちの権利を主張したり、周囲の理解を得ようとする人がいる一方、自分がＬＧＢＴＱであることを周囲の人に知られたくないと思う人もいるので、他人が勝手に**アウティング**するのはルール違反なだけでなく、本人を深く傷つけて取り返しがつかないことになってしまうおそれもあるので、絶対にやってはいけません。

か　カミングアウト

それまで世間の目を気にして異性愛者としてふるまってきた人が、自分本来の性的指向や性自認をみずから公表すること。正しくは「カミング・アウト・オブ・ザ・クローゼット」で、クローゼット（押入れ）の中から外に出て自分の真の姿を世間にさらすことを意味する。

あ　アウティング

他人の性的指向や性自認を、本人の了解なく勝手にバラすこと。本人が自分の意思で公表するカミングアウトとちがって、明らかに他人のプライバシーの侵害であるだけでなく、国によってはバラされた同性愛者が拘束され、厳罰に処せられる可能性があることを忘れてはいけない。

男女は本当に「平等」なのか?

ロダン　そのあたりの**ジェンダー**についての考え方は世の中に浸透してきたから、小さいころから「男の子は」「女の子は」と言われることは、昔と比べてだいぶへったのではないかと思います。だから、「男女差別」と言われても、あなたたちの世代は、ピンとこないかもしれない。ところが、男女平等だと思って育ってきた人たちが、もしかしたら最初にぶつかる壁《かべ》は、大学受験のときかもしれません。

ナギサ　え?　どういうことですか???

ロダン　大学受験して、志望大学に合格すれば何の問題もないでしょう。でも、残念ながら不合格だったときに、男子なら「浪人《ろうにん》して来年再受験すればいい」と考える親が多いのに対して、「女の子は浪人しちゃいけない」と考える親もいます。

ナギサ　そんなのズルいです!

ロダン　おかしいよね。ぼくもそう思います。ところが、世の中を見わたすと、男女格差はめずらしいことではないん

し　**ジェンダー**

生物学的・生まれながらの性別(セックス。つまりオスとメス)とは異なり、社会的・文化的につくられ、後天的に学習される性差を指す。生まれながらの性別と性自認(ジェンダー・アイデンティティ)が異なる人もいれば、「男はこうあるべき」「女は～をしてはいけない」という性的役割(ジェンダー・ロール)や性的規範(ジェンダー・ノーム)を受け入れられない人もいる。

です。たとえば、日本の衆議院議員のうち女性は９・７％しかいません（図１―１）。半数近くが女性のスウェーデンや４割近くのフランスと比べると、だいぶ見劣りするでしょう。民間の会社を見ても、日本の大企業《きぎょう》の社長や役員の中で、女性は10人に１人ぐらいしかいません。３～４割近くが当たり前のヨーロッパやアメリカと比べると、男女平等とはとても言えません（図１―２）。

ナギサ 政治家も会社役員も男社会なんですね……。

ロダン 男女格差はアカデミズムの分野でも非常に目立ちます。日本の研究者に占める女性の割合は17・５％で、先進国の中では群を抜いて低い（図１―３）。

男女の格差が先進国ではもっとも大きいレベル

ロダン 社会における地位や昇進《しょうしん》のスピードだけではありません。働いてもらう給料も、男女で差があると問題になっています。男性の**フルタイム労働者**の賃金を１００としたとき、女性のフルタイム労働者の賃金は、先進国クラブと呼ばれるＯＥＣＤ（経済協力開発機構）の平均値88・４に対して、日本は77・5（図１―４）。つまり、男性の８割弱しかお給料をもらっ

い　フルタイム労働者

会社が決めた1日の就業時間のうち限られた時間だけ働くパートタイム労働者とちがって、基本的に就業時間をフルに働く人のこと。会社に拘束される時間によって区別されるので、フルタイム勤務していれば、正社員か、契約社員・派遣社員・アルバイトかは関係ない。

ていないわけです。

ナギサ　もらえるお金までちがうなんて、ひどい！

ロダン　これだけ男女格差が目立つ日本は、世界のジェンダーギャップ指数のランキングで１４６か国中１１６位という不《ふ》名《めい》誉《よ》な地位に甘んじています（図１―５）。

ミナト　なんで格差を放置してるの？

ロダン　「男女平等、ダイバーシティ（多様性）が大事」というかけ声だけはあっても、現実はなかなか変わりません。そこで、あらかじめ女性を一定の割合で登用することをルール化しようという動きが出てきています。たとえば、大きな会社には女性役員の登用を義務づける動きがあります。会社の経営に女性の視

［図1-1］国会議員に占める女性の割合の推移

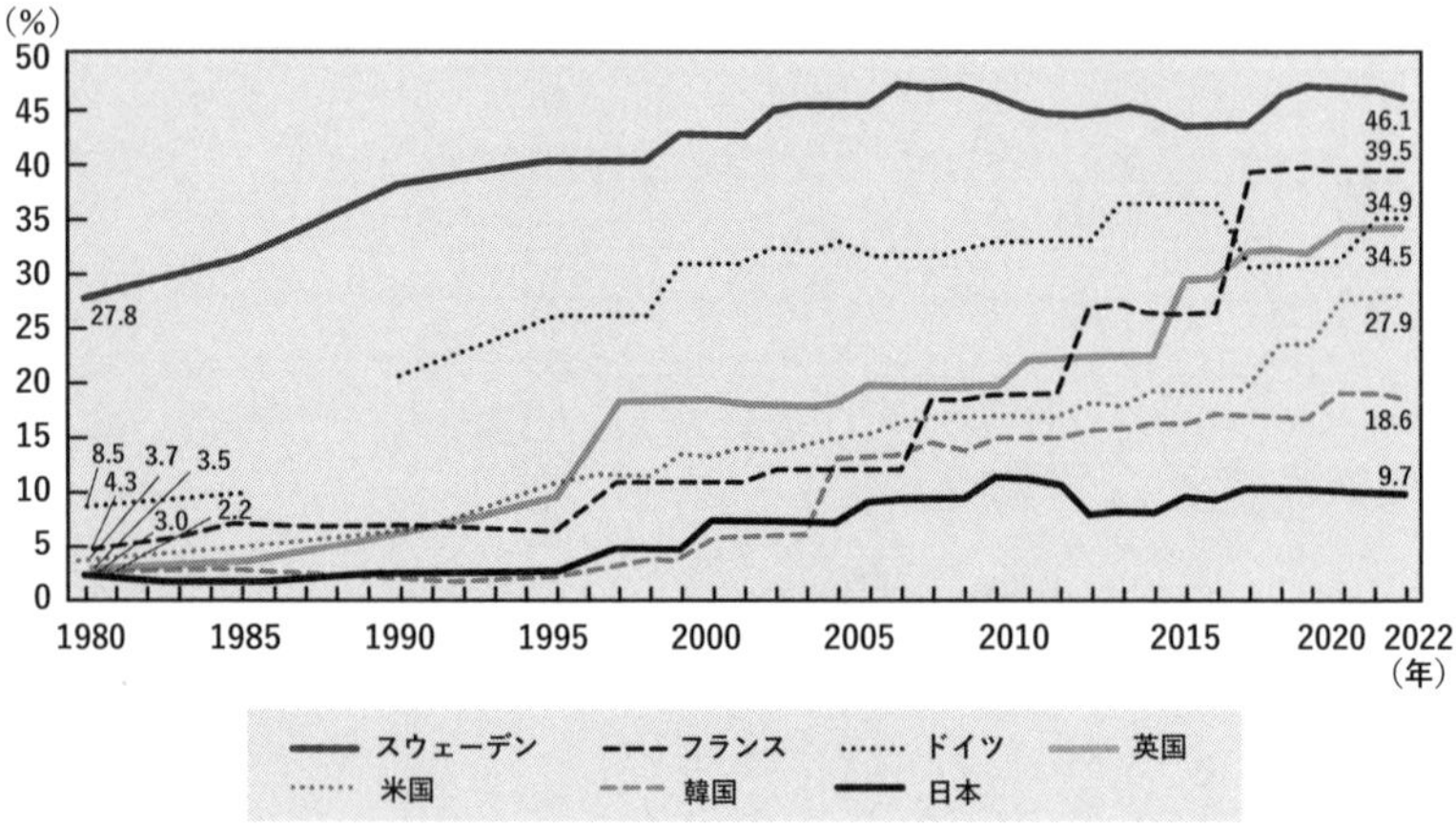

出典：男女共同参画白書 令和４年版

［図1-2］会社役員に占める女性の割合

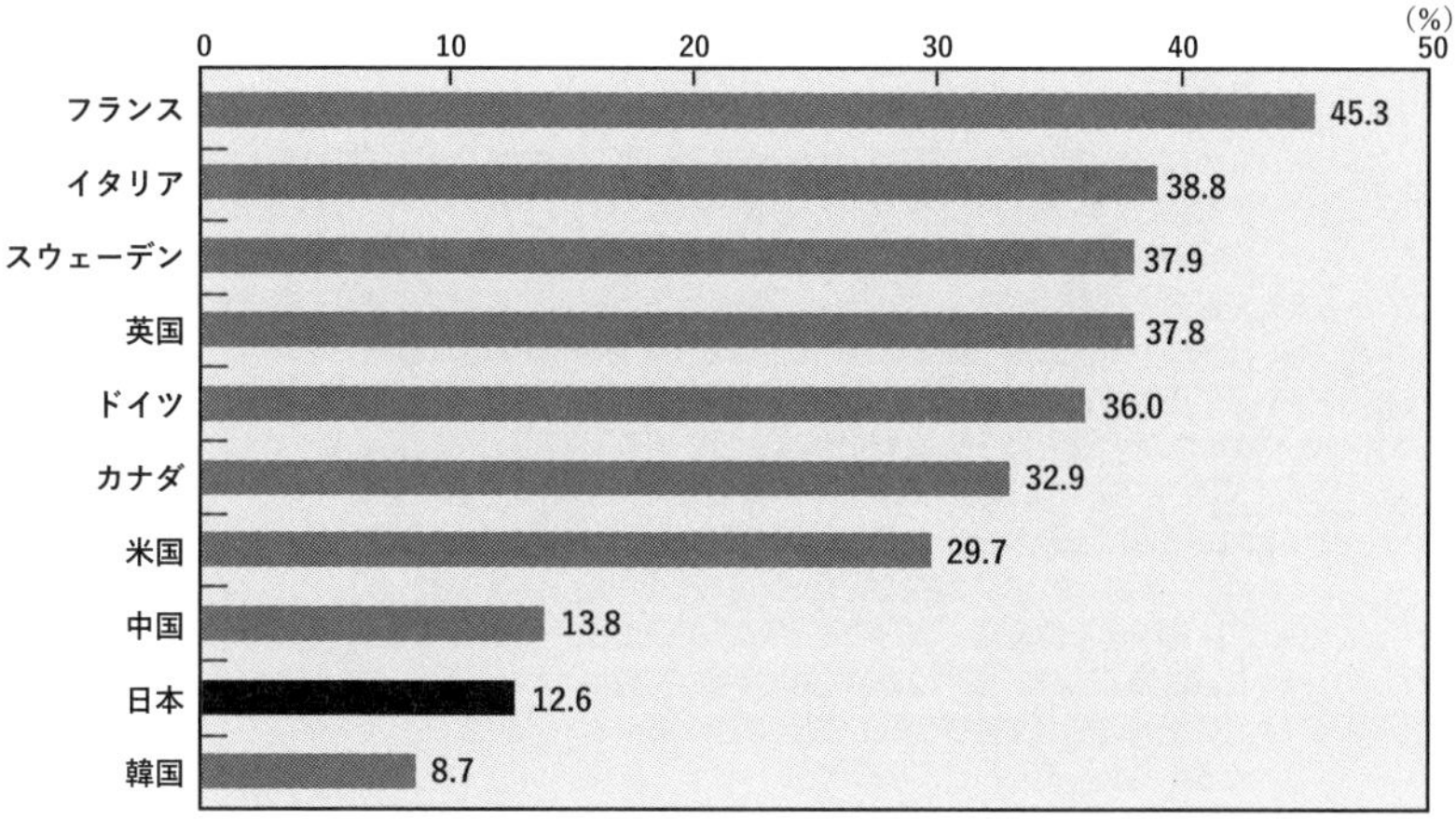

出典：男女共同参画白書 令和４年版

［図1-3］研究者に占める女性の割合

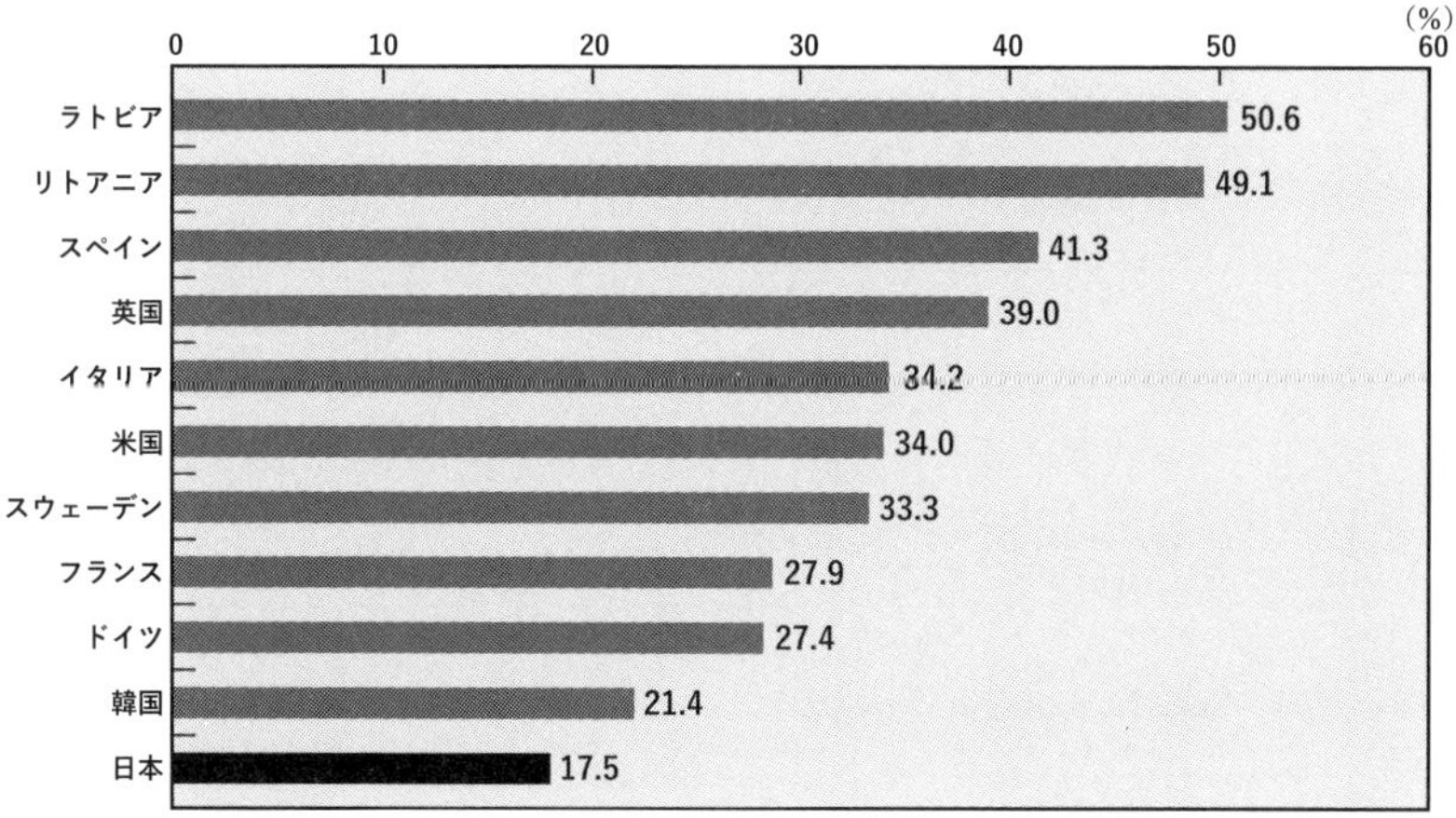

出典：男女共同参画白書 令和４年版

［図1-4］男女間の賃金格差の国際比較

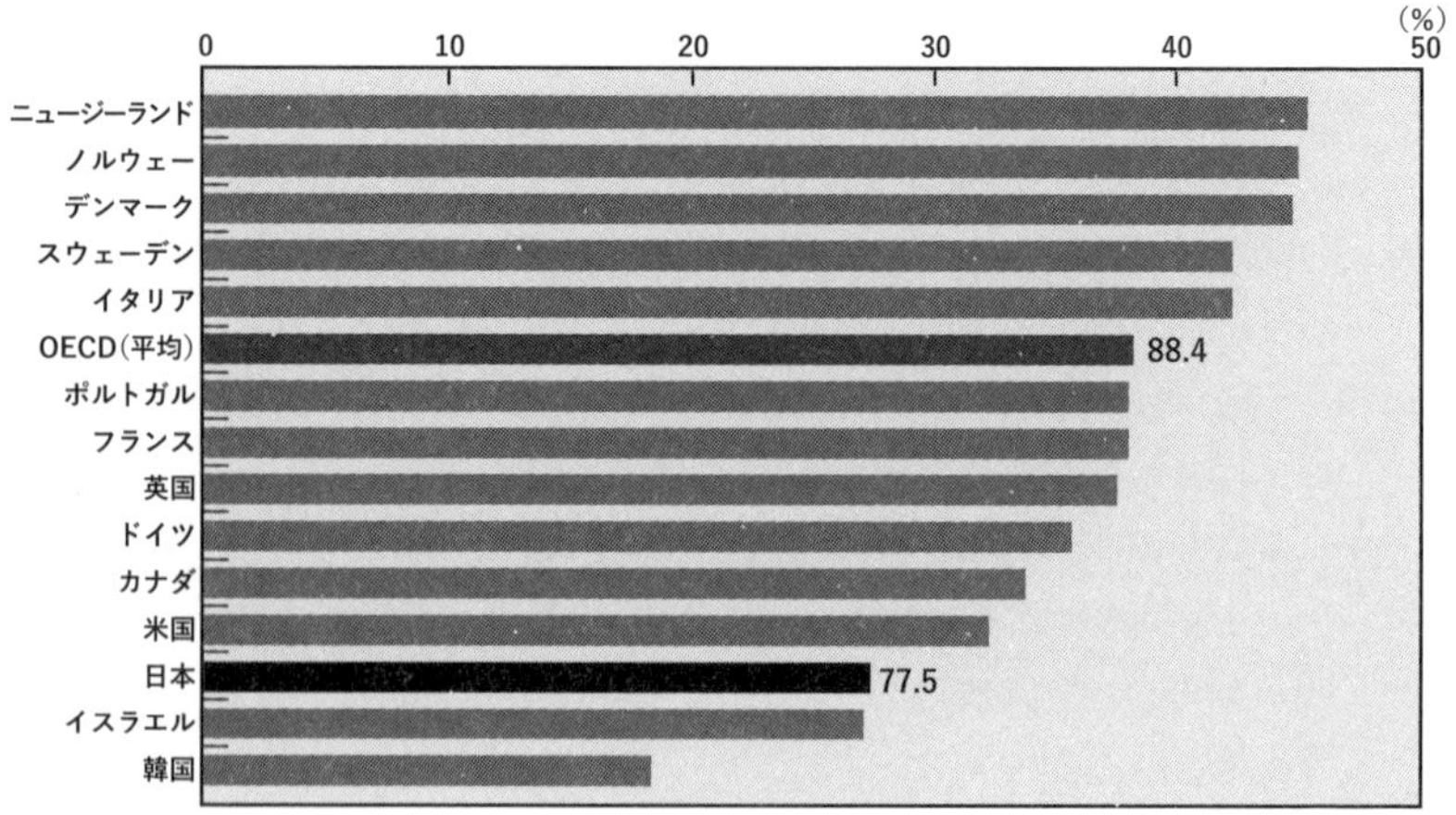

出典：男女共同参画白書 令和4年版

［図1-5］グローバル・ジェンダーギャップ指数

順位	国名	スコア	順位	国名	スコア
1	アイスランド	0.908	63	イタリア	0.720
2	フィンランド	0.860	68	UAE	0.716
3	ノルウェー	0.845	79	タイ	0.709
4	ニュージーランド	0.841	83	ベトナム	0.705
5	スウェーデン	0.822	92	インドネシア	0.697
10	ドイツ	0.801	94	ブラジル	0.696
15	フランス	0.791	99	韓国	0.689
17	スペイン	0.788	102	中国	0.682
19	フィリピン	0.783	106	ミャンマー	0.677
20	南アフリカ	0.782	116	日本	0.650
22	英国	0.780	123	ナイジェリア	0.639
24	カナダ	0.772	124	トルコ	0.639
27	米国	0.769	127	サウジアラビア	0.636
31	メキシコ	0.764	129	エジプト	0.635
33	アルゼンチン	0.756	135	インド	0.629
43	オーストラリア	0.738	143	イラン	0.578
49	シンガポール	0.734	145	パキスタン	0.564
60	イスラエル	0.727	146	アフガニスタン	0.435

出典：The Global Gender Gap Index 2022 rankings

点が入れば、女性だけでなく、男性にとっても、これまで以上に働きやすくなるはずだと期待されているんです。

ナギサ　居心地のいいところで働きたいです。

ロダン　もともと男女はほぼ1：1の割合ですから、会社の役員や国会議員の半分近くは女性であっても不思議ではないわけです。選挙の結果、自然と女性議員の割合がふえていくのが理想だけど、それでは時間がかかりすぎるということなら、当選議員の何割かは女性と決めてしまって、強制力をともなう形で男女格差を解消する工夫が必要かもしれません。こういう積極的格差是正措置《ぜせいそち》を**アファーマティブ・アクション**と言います。

女性リーダーが率いる国ぐに

ナギサ　外国では女性首相もふえていますよね。

ロダン　イギリスのサッチャー元首相や、ドイツのメルケル元首相、ニュージーランドのアーダーン元首相が有名だけど、現在のヨーロッパでは、女性が首相や大統領になるのは、ごく当たり前のことになっています。EU（欧州《おうしゅう》連合）政府のトップである欧州委員会の委員長も、2019年

あ　アファーマティブ・アクション

男性優位社会における女性、白人優位社会における有色人種など、従来のやり方では社会的弱者がなかなか弱い立場を抜け出せないときに、弱者にあらかじめ一定の枠を割り当てるなどして優遇すること。大学入試で人種的マイノリティ（少数派）に点数を上乗せしたり、上場企業の女性役員の割合や、障がい者の雇用を法律で義務づけたりする例がある。

からウルズラ・フォン・デア・ライエンという女性が務めています。アジアでも、女性トップを何人も出したインドやフィリピンのような国もあるし、おとなりの韓国には朴槿恵《パククネ》元大統領がいます。

ナギサ 早く日本にも女性首相が誕生してほしいですね。

ミナト それを実現するのは、ナギサたちかもしれないよ！

ロダン 国政レベルではまだですが、都道府県や政令指定都市レベルでは、女性のトップも少しずつ出てきています。日本初の女性知事だった太田房江《ふさえ》・元大阪府知事や、高橋はるみ・元北海道知事、堂本暁子《あきこ》・元千葉県知事、小池百合子・東京都知事、林文子・元横浜《よこはま》市長、郡和子・仙台《せんだい》市長が有名です（2023年11月現在）。

ナギサ 早くヨーロッパ並みに、男女平等が実現するといいな。

ロダン そうですね。ただ、日本よりも男女平等が進んでいるとされる欧米でも、女性がキャリアを築くには、まだまだ目に見えない「**ガラスの天井**」があって、それをつきぬけるのは簡単ではありません。

ミナト 男社会のなかで女性が生き抜くのはたいへんなんだ……。親の意識を変えなきゃ！

が　ガラスの天井

男性と同等やそれ以上の能力や実績があっても、会社や組織において、女性が一定以上の役職に就けないこと。「女性は部長になれない」などと明文化されていれば男女差別だが、前例がない、育児がたいへんだから、などのあいまいな理由で昇進できない場合、そこに「見えない壁」があることのたとえとして、この言葉が使われる。

ロダン　それにはどうしても時間がかかります。残念ながら、あなたたちが子どものときには間に合わないかもしれません。でも、だからといって、あきらめる必要は全然ない。もし、自分が親からやられてイヤだと思うことがあったら、それを記憶の奥底にとどめて忘れないこと。そして、自分が親になったときに、自分の子どもに同じことをしないように気をつけること。この2つを守れば、少なくとも、自分の子どもに、自分と同じイヤな思いをさせることはないはずです。

ナギサ　覚えておきます。

ロダン　親がしてくれなくても、負の連鎖《れんさ》は自分の代で止められる。それが積み重なっていけば、世の中が変わる。自分の親の意識を変えることはできなくても、世間一般の「親」の意識は変えることができるんです。やる前からあきらめる必要なんて、まったくありません。

ミナト　話は変わりますけど、受験といえば、なんで親は「いい学校に入れ」と口やかましく言うんですかね？

ロダン　では、その質問を次のテーマにしましょうか。

第4の質問

いい高校、いい大学に行けってうるさい。自分のことは棚《たな》にあげて、なんでそんなことを言うのかな？

ナギサ　いい高校って結局、進学実績が高いってだけなんですよね？

ロダン　成績によって入れる高校や大学が決まったり、仕事の実績に応じて出世が決まったりすることを、ちょっとむずかしい言葉で、メリトクラシーと言います。メリトは「メリット（成績や実績）」のことで、メリトクラシーは能力主義と訳されています。

ミナト　能力主義なんて言われると、人間に線引きしているみたいで、ちょっと引いちゃうな。

ロダン　あなたたちは、そう感じるかもしれないね。でも、日本もいまから150年くらい前までは、身分やどの家に生まれたかによって職業が決まってしまう身分社会でした。それと比べれば、努力すればそれだけいい仕事、自分に合った職業に就ける可能性が高い能力主義社会は「公平」と言えるんじゃないかな。

「外の評価」に振り回される大人たち

ロダン　ところが、何をもって能力を測ればいいか、じつは決まった答えはないんです。たとえば、学校のテストの結果だけで人の能力は測れません。まして、一発勝負の入学試験でははかれない。だから、学校の内申書で評価しなさい、部活や委員会活動、ボランティア活動の経験も評価しましょう、ということになりました。

ミナト　それでみんな、学校の先生の顔色をうかがうようになったんだ。

ロダン　さらに、グローバル時代には英語力が欠かせないから**英検**や**TEAP**《ティープ》も受けたほうがいい、社会で生きていくため

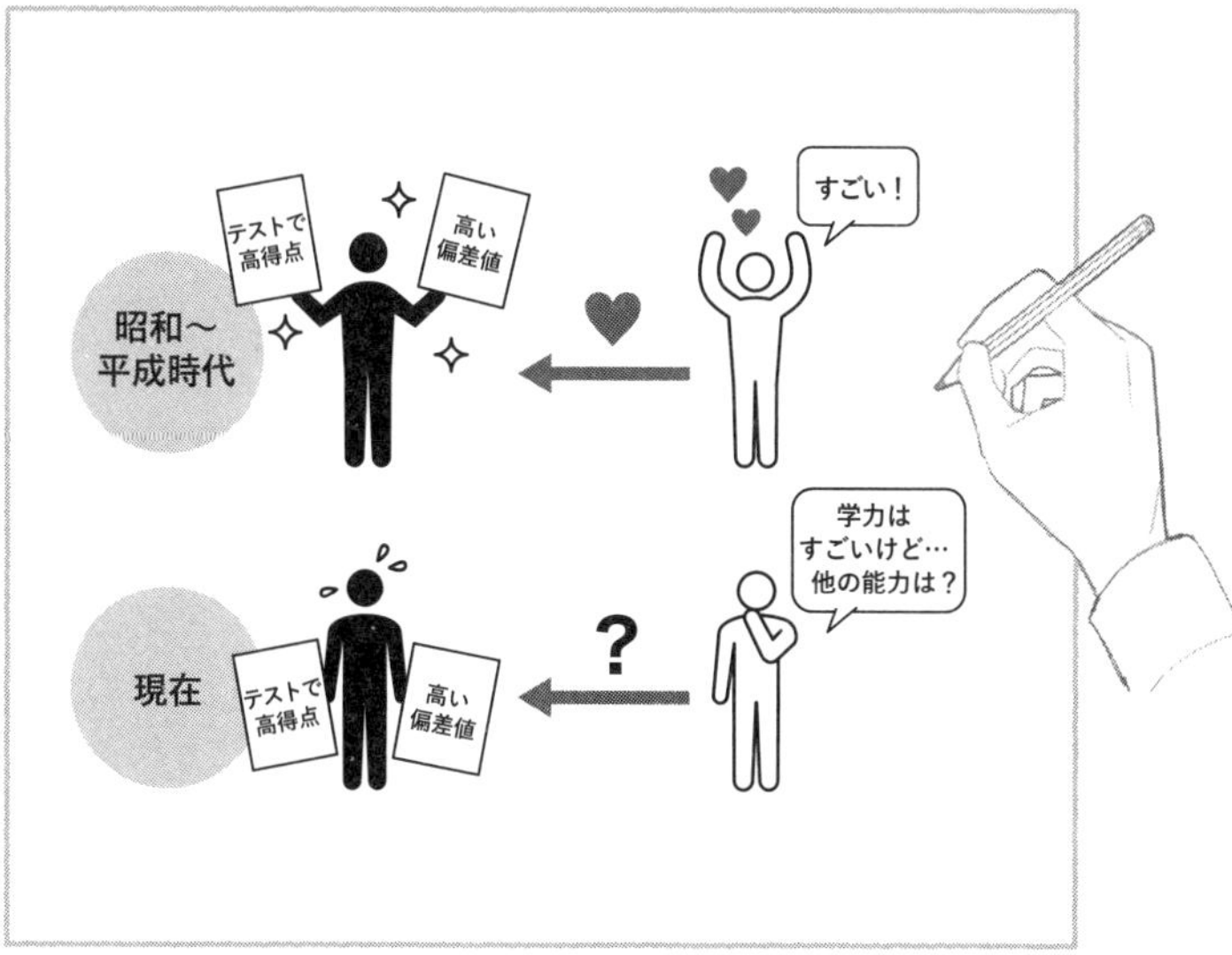

にコミュニケーション能力をのばすべきだ、いや**PISA**《ピサ》などの国際学力調査の順位を上げるために読解力や理数系の基礎《きそ》学力こそ重視すべきだ……などと、言ってることが時代によってコロコロ変わるんです。

ナギサ　受験制度もコロコロ変わって大変だって、お父さんが言ってました。

ロダン　一方、日本の教育を見わたすと、（学力）**偏差値**《へんさち》が大きな指標になってるでしょ？（図1－6）ところがいま、国際的な大学ランキングを見てみると、日本で偏差値が高いとされる難関大学がほとんど「圏外《けんがい》」になっているんです（図1－7）。ただ、これだって、欧米的な視点でとられたデータとは思いますけどね。

え　英検

日本英語検定協会が実施している英語テストで、正しくは実用英語技能検定という。小学生から受けられるが、中学生なら英検3級、高校生は2級、大学生は準1級が当面の目標になる。学校によっては単位認定されたり、授業料が一部免除になったりする。先取り学習したい人、英語好きな人はもうワンランク上の級を目指せることも、学校英語とはちがうおもしろさ。

て　TEAP

英検をおこなう日本英語検定協会と上智大学が共同で開発した大学受験をする高校生向けの英語テストで、「読む」「聞く」「書く」「話す」能力を評価する。年に3回受験するチャンスがある。通常のペーパーテストのほか、コンピュータに入力したり（ライティング）、映像を見て（リスニング）答えたり（スピーキング）するTEAPCBTもある。TEAP採用大学では、一定の成績をおさめると出願資格が得られたり、加点されたり、英語の試験をパスできたりする。

ぴ　PISA

OECD（経済協力開発機構）による国際的な生徒の学習到達度調査。3年ごとに義務教育の最終段階である15、16才の生徒を対象に行われる。数学的リテラシー、科学的リテラシー、読解力などを測り、日本の順位が落ちると大騒ぎになる。ちなみに、OECDは日米欧を中心とした先進国の国際機関で、「世界最大のシンク・タンク」とも呼ばれる。

［図1-6］「大学偏差値ランキング」2023～2024年

順位	大学	偏差値
1	東京大学	75.0
2	京都大学	72.3
3	一橋大学	72.0
4	国際教養大学	70.0
5	慶應義塾大学	69.5
6	東京外国語大学	69.3
7	東京工業大学（東工大）	68.8
8	国際基督教大学（ICU）	68.0
9	大阪大学	67.3
10	早稲田大学	66.7

出典 https://hensachi.org

へ 偏差値

平均点をとる人数が最大になるようななめらかな得点分布において、平均を50としたときのばらつき度合いを表す。偏差値はだいたい最低35～最大75の範囲内におさまり、自分の偏差値を見れば、自分が成績上位何％くらいのところにいるかがわかると同時に、志望校に合格する確率もわかる。ただし、あくまでそのテストを受けた時点での確率にすぎないので、模試の結果がよかったからといって気を抜かず、悪かったからといってあきらめないことが大事。

［図1-7］「QS世界大学ランキング」2024年版

順位	大学
1	マサチューセッツ工科大学（アメリカ）
2	ケンブリッジ大学（イギリス）
3	オックスフォード大学（イギリス）
4	ハーヴァード大学（アメリカ）
5	スタンフォード大学（アメリカ）
6	インペリアル・カレッジ・ロンドン（イギリス）
7	スイス連邦工科大学チューリッヒ校（スイス）
8	シンガポール国立大学（シンガポール）
9	ユニヴァーシティ・カレッジ・ロンドン（イギリス）
10	カリフォルニア・バークレー大学（アメリカ）
11	シカゴ大学（アメリカ）
12	ペンシルベニア大学（アメリカ）
13	コーネル大学（アメリカ）
14	メルボルン大学（オーストラリア）
15	カリフォルニア工科大学（アメリカ）
16	イェール大学（アメリカ）
16	スイス連邦工科大学ローザンヌ校（スイス）
17	北京大学（中国）
17	プリンストン大学（アメリカ）
19	ニューサウスウェールズ大学大学（オーストラリア）
19	シドニー大学（オーストラリア）
21	トロント大学（カナダ）
	……中略……
28	東京大学（日本）
46	京都大学（日本）
80	大阪大学（日本）
91	東京工業大学（日本）

日本は28位以下。

出典：QS World University Rankings 2024: Top global universitiesより

ミナト　日本では東大東大とさわがれるけど、世界を見わたせば、東大より上の大学が27もあるってことか。

ナギサ　それより、日本の有名大学が上位100位までに4つしか入ってないことのほうがショック……。

ロダン　そうでしょ？　すると、「日本の大学で教育を受けさせてもだいじょうぶかな？」って心配するお父さん、お母さんが出てくるわけです。子どもには日本を飛び出して世界にはばたいてほしいと願っている親なら、なおさらです。

ナギサ　すごいプレッシャー。

ロダン　でも、そればかり気にしても、あんまり意味がないんです。偏差値も大学ランキングも、人が決めた基準だから。たとえば、「生きていくにはこれが大切だ」「これだけは身につけてほしい」「それを学ぶにはこの大学が最適だ」と自分で決められる人は、大学ランキングなんか気にしません。自分の行きたい大学に行けばいいんです。でも、たいていの人は自分

だ　大学偏差値ランキング

中学・高校・大学の偏差値は大手の塾や予備校が毎年公表している。大学なら学部・学科ごとに細かく分けて発表されるが、ここではスペースの関係から、大学ごとの偏差値ランキングを発表している「大学偏差値研究所」のトップ10を載せておいた。

き　QS世界大学ランキング

イギリスの大学評価機関クアクアレリ・シモンズが毎年発表している世界の大学ランキング。各分野の専門家に「その分野での上位大学」を複数あげてもらい、それを集計してランキングに反映している。

［図1-8］「有名企業400社実就職率ランキング」2023年卒

順位	大学
1	豊田工業大学
2	一橋大学
3	東京工業大学
4	慶應義塾大学
5	名古屋工業大学
6	東京理科大学
7	電気通信大学
8	九州工業大学
9	名古屋大学
10	大阪大学

出典：大学通信ONLINEより

［図1-9］「人事が評価する大学　就職力ランキング」2023-2024年

順位	大学
1	京都大学
2	名古屋大学
3	名古屋工業大学
4	横浜国立大学
5	一橋大学
6	東北大学
7	大阪大学
8	大阪府立大学
9	東京外国語大学
10	神戸大学

出典：日経キャリア教育キャリエデュより

では決められない。だから、親も学校の先生も、だれかが決めた「外の基準」ばかり気にしているわけです。

ミナト　偏差値至上主義だ！

ロダン　こういうのを他律的と言います。他人が決めた基準にしたがっているかぎり、どこまでいっても不安は消えない。自分で納得して決めたのではないからです。しかも、その基準というのがしょっちゅう変わる。たとえば、大学の入りやすさじゃなくて、大学卒業後の進路が気になる人もいるでしょ？　どの大学に入れば、どのくらいのレベルの会社に就職できるのかを知りたい人、とくに親に向けては、いくつか大学の就職ランキングが発表されています（図1－8、図1－9）。

ミナト　顔ぶれが全然ちがう！

ロダン　それだけ世の中には情報があふれているということです。そして、だれもが納得するような能力の測定方法はないから、こうした評価基準やランキングは、どんどんふえていきます。これを**メリトクラシーの再帰性**といって、能

ゆ　有名企業400社実就職率ランキング

大学通信が毎年発表している就職ランキング。その年の卒業生（から大学院に進学した人を除く）のうち、有名企業400社に実際に就職した人の割合を示す。400社は、日経平均株価指数の採用銘柄や知名度、大学生の人気企業ランキングなどを参考に選定される。

じ　人事が評価する大学

日経HRと日本経済新聞社が毎年行っている「企業の人事担当者から見た大学イメージ調査」のうち「総合力ランキング」の結果を表にした。同調査では、「行動力」「対人力」「知力・学力」「独創性」の各側面でのランキングや、「業種別」「大企業」「地域別」などのランキングも公表されている。

力主義社会ではさけられない宿命みたいなものなんです。

ミナト　情報がいっぱいありすぎて、どれが正しいかわからない。

ロダン　親たちは、そうした情報を見比べながら、ああでもない、こうでもないと頭をなやませています。つまり、ズルさの背後には、お父さん、お母さんの不安がかくされているわけです。それは、自分にできなかったことを子どもにおしつけているというよりは、むしろ、自分がした苦労を子どもにはさせたくない、わが子には幸せになってほしいと願っているからじゃないでしょうか。あなたたちは、そうした親の思いも、そろそろわかってあげられる年齢になってきたんじゃないかな。

ナギサ　親も不安なんですね。

日本人が貧しくなったというのはホント？

ロダン　ここでちょっと話題を変えて、お金の話をしましょうか。以前、ここに通ってた人から相談されたんだけど、あなたたちは親にこんなことを言われた経験はありませんか？

め　メリトクラシーの再帰性

能力を測る基準はつねに更新され、とどまることを知らない。現代社会ではそのスピード感が増し、次々と「新しい能力」がもてはやされて、それに振り回される人が増えている。この議論に興味がある人は、中村高康『暴走する能力主義　教育と現代社会の病理』（筑摩書房）が参考になる。

第5の質問

「お金出してるのは親なんだからね」って反則だと思う。そんなこと言われたら、何も言い返せない。

ナギサ あ、うちもあります！　こっちがお金を出せないのを知ってて言うんですよね！

ミナト この理屈なら、親の言うことは何でも聞かなきゃいけなくなる！

ロダン たしかに、そう言いたくなる気持ちはよくわかります。ひと昔前は、子どもの前ではお金のことは口にしない、という人が多かったけど、最近は、こういうことを言う親がふえた気がします。お金の話が露骨《ろこつ》に出てくるようになったのは、それだけお金に窮屈《きゅうくつ》な家庭がふえたからかもしれません。

ミナト 貧しくなったってことですか？

ロダン 日本人の給料がずっと上がらないという話は、あなたたちもどこか聞いたことがあるんじゃないかな？　日本経済はこの30年間、低迷《ていめい》を続けていて、平均給与もほぼ横ばいか、場合によっては下がってきています（図1－10）。外国と比べると、そのことはもっと実感できます。1991年の給料を100としたとき、ほかの先進国ではこ

［図1-10］「平均給与（実質）の推移　※1年を通じて勤務した給与所得者」

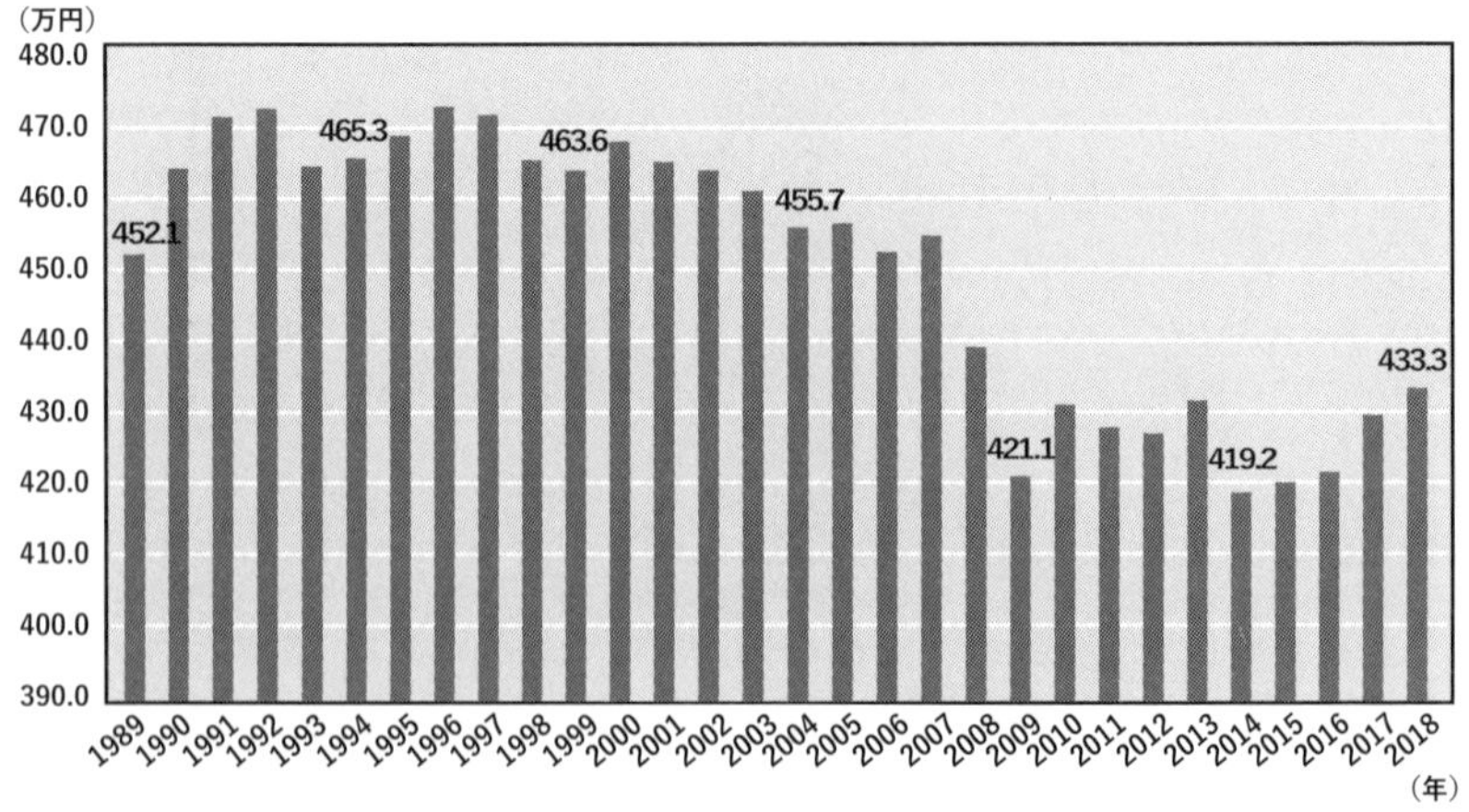

出典：令和２年版『厚生労働白書』

［図1-11］G7各国の名目賃金と実績賃金の推移

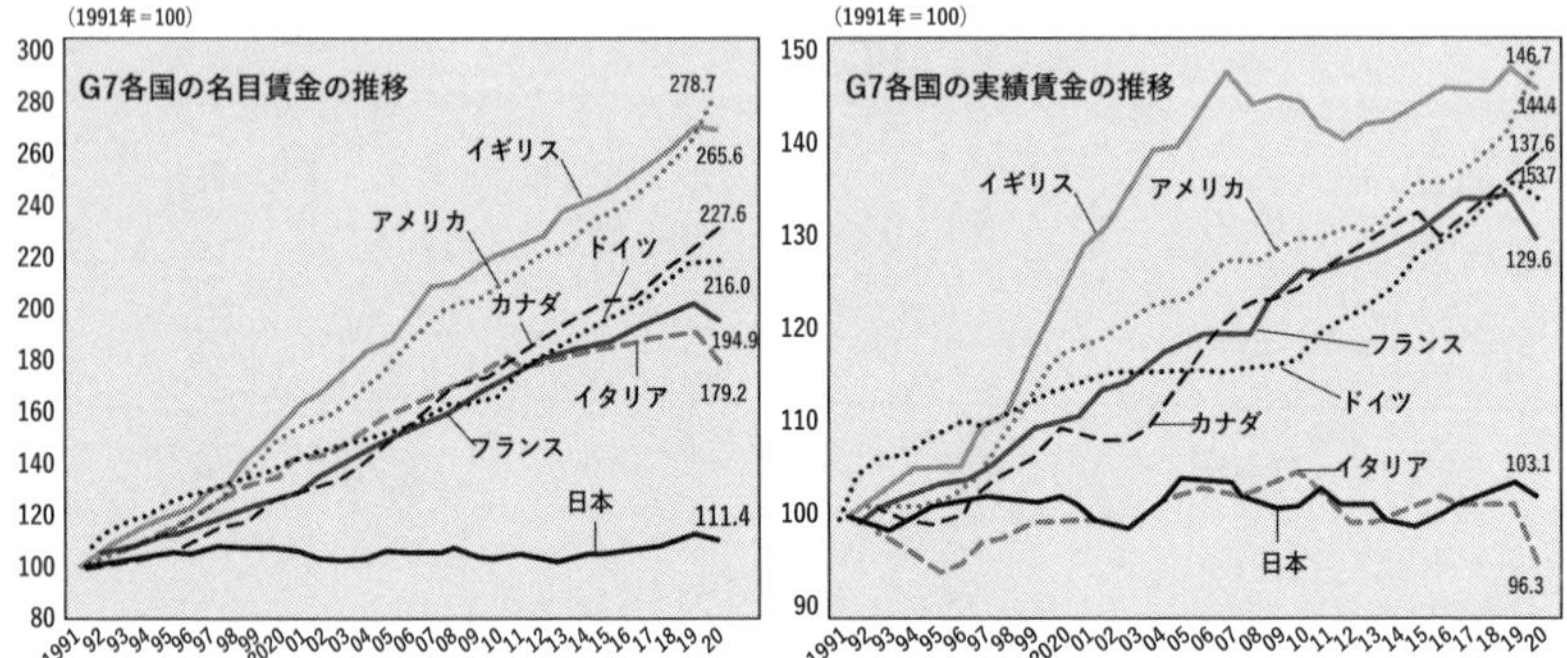

注 1)1991 年を 100 とし、推移を記載している。なお、OECD によるデータの加工方法が不明確なため、厳密な比較はできないことに留意。なお、わが国の係数は国民経済計算の雇用者所得をフルタイムベースの雇用者数、民間最終消費支出デフレーターおよび購買力平価で除したものと推察される。

(注 2)名目賃金は、OECD が公表する実質賃金に消費者物価指数の総合指数を乗じることで算出している。

出典：『令和4年版 労働経済の分析』

の30年で**名目**（金額）ベースでおよそ180から280、つまり1・8倍から2・8倍にふえているのに対して、日本の給料は111・4でほぼ横ばいです。**物価上昇率**などを引いた**実質**賃金でも、ほかの先進国が1・3〜1・5倍ほどのびているのに対して、日本は103・1でほぼ同じ、イタリアは96・3で若干下がっているのがわかります（図1－11）。

ミナト　なんだかさみしい話ですね…。

ロダン　給料の**額面**さえ、ほぼ横ばいかへっているのに、超高齢《ちょうこうれい》化と人口減少というダブルパンチで、税金や社会保険料の負担が年々ふえてきています。働く人の数がへると同時

め　名目と実質

名目賃金は給与明細に記された金額のことで、名目賃金が2倍になると、25万円だった給料が50万円になる。一方、実質賃金は物価上昇分を除いた「実質的な」給料のこと。30年間で物の値段が2倍（例：350円の牛丼が700円になる）になったとしたら、給料の額が2倍に増えても、そのお金で買えるものは以前と同じことになる。その場合、実質賃金の伸び率は0になる。

ぶ　物価上昇率

物の値段（物価）は時間がたつと変化する。前より高くなることをインフレ（物価上昇）といい、前より下がることをデフレ（物価下落）という。ゆるやかなインフレは好景気につながりやすいが（商品の値段が少し上がる→会社の売上が上がる→社員の給料が上がる→さらに値段が少し上がる→……）、急激なインフレは逆に景気を悪化させ（商品の値段が急に高くなる→物が売れず会社の売上が落ちる→会社が倒産する・社員の給料が安くなる）、デフレは経済を縮小させる（商品の値段が下がる→物は売れても売上はそんなに上がらない→社員の給料も上がらない→……）。

が　額面

税金や社会保険料が引かれる前の給料の額。たとえば、額面で35万円の給料でも、そこから税金や健康保険・年金などがあらかじめ天引きされて、実際に受け取れる金額（手取りという）は25万円前後だったりする。個人で住宅ローン（自宅を買うためにお金を借りること）や学資ローン（おもに大学の入学金や授業料を払うためにお金を借りること）を組んでいる場合、毎月決まった金額が返済に充てられるため、実質の手取り額（可処分所得）はさらに下がる。

に、お年寄りがふえているわけで、どうしても、税金や社会保険料をおさめる現役世代1人あたりの負担が重くなってしまうんです。

ナギサ　1人の人を6人で支えていたときは、1人あたりの負担は6分の1ですんでいたけど、2人の人を5人で支えるようになると、1人あたりの負担は5分の2になるってことですね。

ロダン　言いかえると、2・5人で1人を支えることになるわけです。それが何を意味するかというと、お父さんとお母さんが共働きだとして、この2人は自分の家族（子どもや同居する親など）以外に、どこのだれとも知らない人をほぼ1人、実質的に養っているということです。

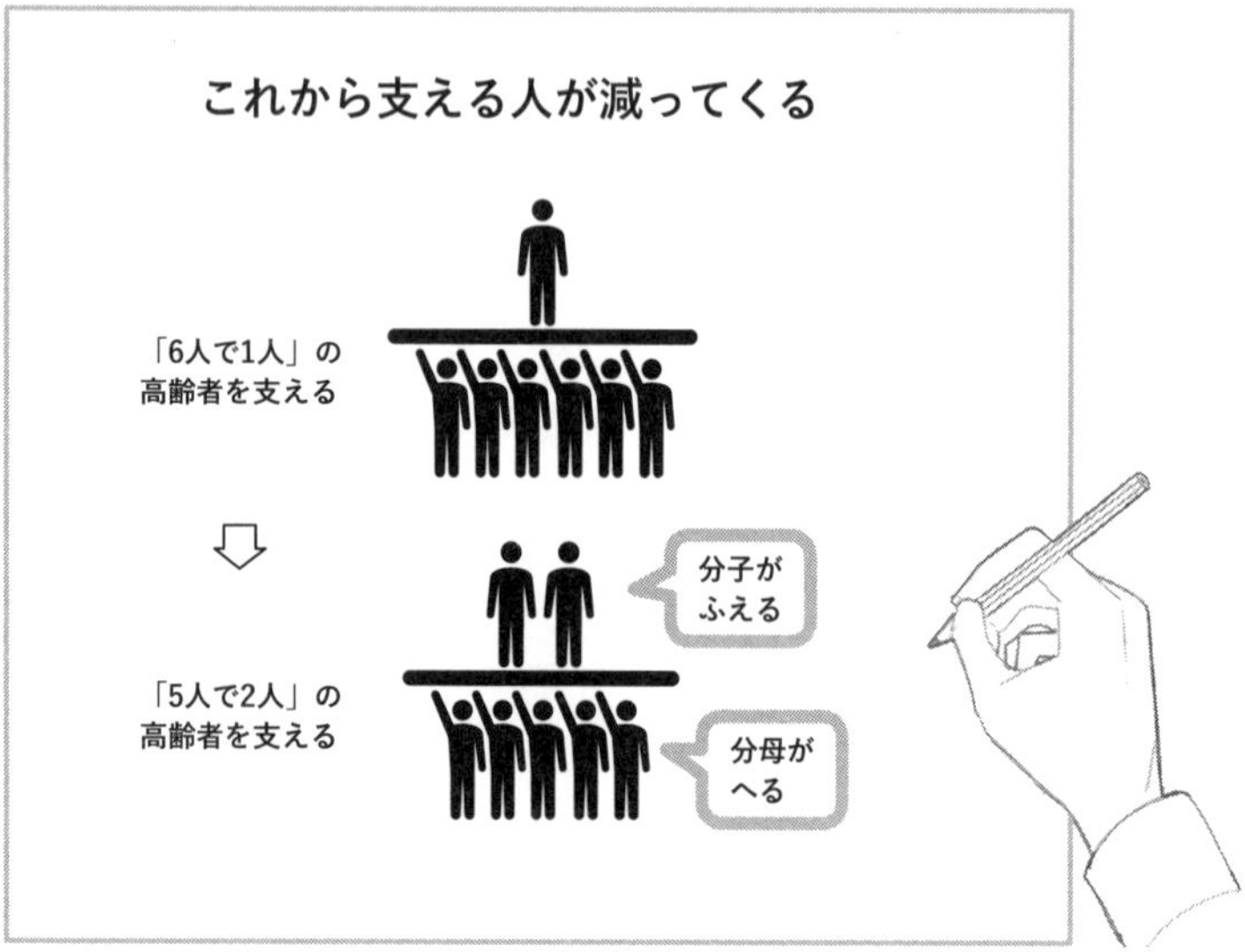

ナギサ　知らない人が家族になってるってこと？
ミナト　いつのまに！
ロダン　笑ってるけど、これが現実に起きていることなんです。いつのまにか扶養《ふよう》家族が1人ふえたみたいなものだから、家計にゆとりがなくなってくるのは当然です。しかも、あなたたちが学校に入ったり、塾に通ったりするのにかかる教育費の負担もふえています（図1－12）。つまり、入ってくるお金（給料）がへっているのに、出ていくお金（税金・社会保険料・教育費）がふえているわけです。
ナギサ　お父さん、お母さん、がんばって……。
ロダン　そんな状況だから、お財布のヒモがきつくなるのもしかたありません。お父さん、お母さんだって、時にはグチりたくなるってもんです。

上がり続ける教育費負担

ミナト　なんで教育費が上がっているの？
ロダン　1つには、大学や大学院まで行く人がふえたからです（図1－13）。少子化で子どもの数はだいぶへったのに、大学生の数はへるどころか、少しふえています。そしていよいよ、入る大学を選り好みしなければ、希望した人はだれでも大学に入れる**大学**

［図1-12］教育費だけで1000万以上かかる？

教育費の目安(幼稚園から大学/公立・私立のコース別)

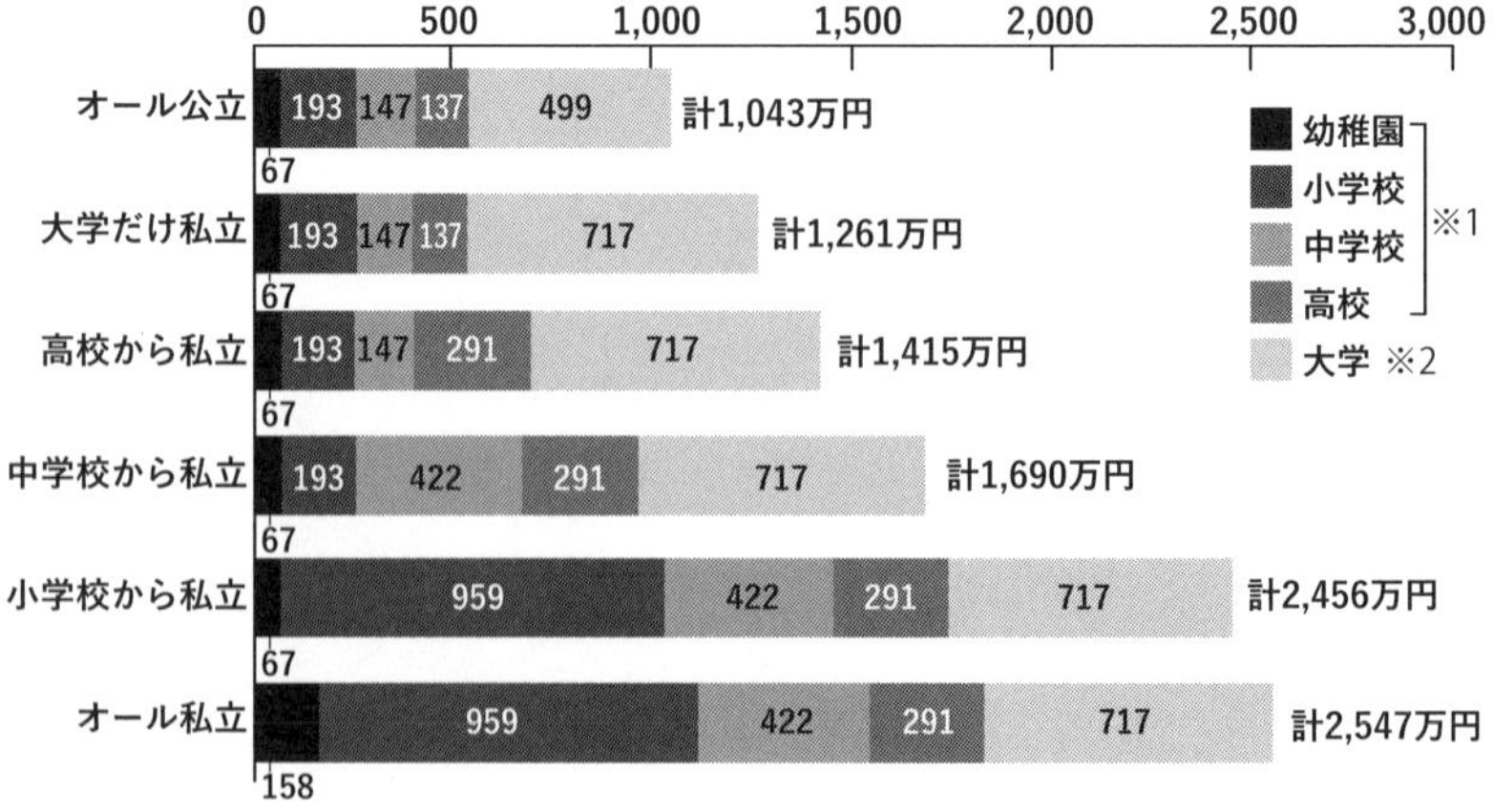

※1　数値は学習費総額（学校教育費＋学校外活動費）
※2　数値は入学費と在学費の合計（自宅通学）。私立は「文系」の数値

中学校、高校でかかる教育費の内訳(年額)

区分	中学校（公立）	中学校（私立）	高校(全日制)（公立）	高校(全日制)（私立）
教育費（学習費）総額	48万8,397円	140万6,433円	45万7,380円	96万9,911円
うち学校教育費	13万8,961円	107万1,438円	28万487円	71万9,051円
うち学校給食費	4万2,945円	3,731円	―	―
うち学校外活動費（補助学習費※1）	24万3,589円	22万346円	14万7,875円	19万3,945円
うち学校外活動費（その他の補助学習費※2）	6万2,902円	11万918円	2万9,018円	5万6,915円

※1　自宅学習や学習塾・家庭教師などの費用
※2　体験学習や習い事などの費用

出典：いずれも『知るぽると』金融広報委員会

全入時代をむかえます。大学に入るための入学金や授業料も年々上がっているので、親の負担はふえるばかりです。

ミナト　入りたい大学に試験なしで入れればいいのになあ（笑）。

ロダン　2つめは、私立の小中学校を受験する人がふえたからです。中学校までは**義務教育**だから、公立の小中学校に行けば、ほとんど授業料はかからないけれど、高いお金を払っても私立に入れたいという親がふえています。

ナギサ　わたしの幼稚園にも私立小学校を受験した人がいました！

ロダン　そして3つめは、塾に行く人がふえたからです。その塾も、以前は1つの教室に生徒をたくさん入れて、一斉に教える学校の授業スタイルが主流だったけど、いまは生徒1人ひとりの進度や得意不得意に応じて、個別指導するタイプがふえてきているので、その分、料金が上がります。

ナギサ　個別指導だと講師の時給が下がるから、学生アルバイトがふえるって聞きました。

ロダン　アルバイトでも教育の水準を一定に保つために、だれでも使いやすい教材を開発

だ　大学全入時代

大学志願者（受験生）の総数が全大学の定員数の合計を下回る状態。有名大学は相変わらず入学者選抜がおこなわれるが、人気のない大学では定員割れが続き、大学淘汰《とうた》が本格化するとされている。

ぎ　義務教育

子どもがもつのは教育を受ける「権利」であって、子どもに教育を受けさせる「義務」を負うのは国であることに注意。公立の小中学校の授業料が原則として無料なのは、国が誰でも教育を受けられる環境を用意しないといけないから。公教育ではない私立学校は独自に授業料を設定できる。

するコストもかかる。そんなわけで、夏休みや冬休みに個別指導塾の講習に行けば、10万円なんてあっというまに飛んでいってしまうんです。

ナギサ　親に感謝しなくちゃいけないですね。

ロダン　小学校の1クラスの上限人数が40人から35人にへって、**35人学級**がはじまります。でも、5人へったくらいでは、いまの学校の先生たちのたいへんさは変わりません。じっと座っていられない子もいれば、学校に来なくなってしまう子もいます。コロナでいきなりオンライン授業をしなければならなくなったり、授業以外の事務作業もぼう大で、学校行事の準備もあるし、部活の顧問《こもん》も引き受けたりして、とにかくいそがしいんです。

［図1-13］大学進学率は増加傾向にある

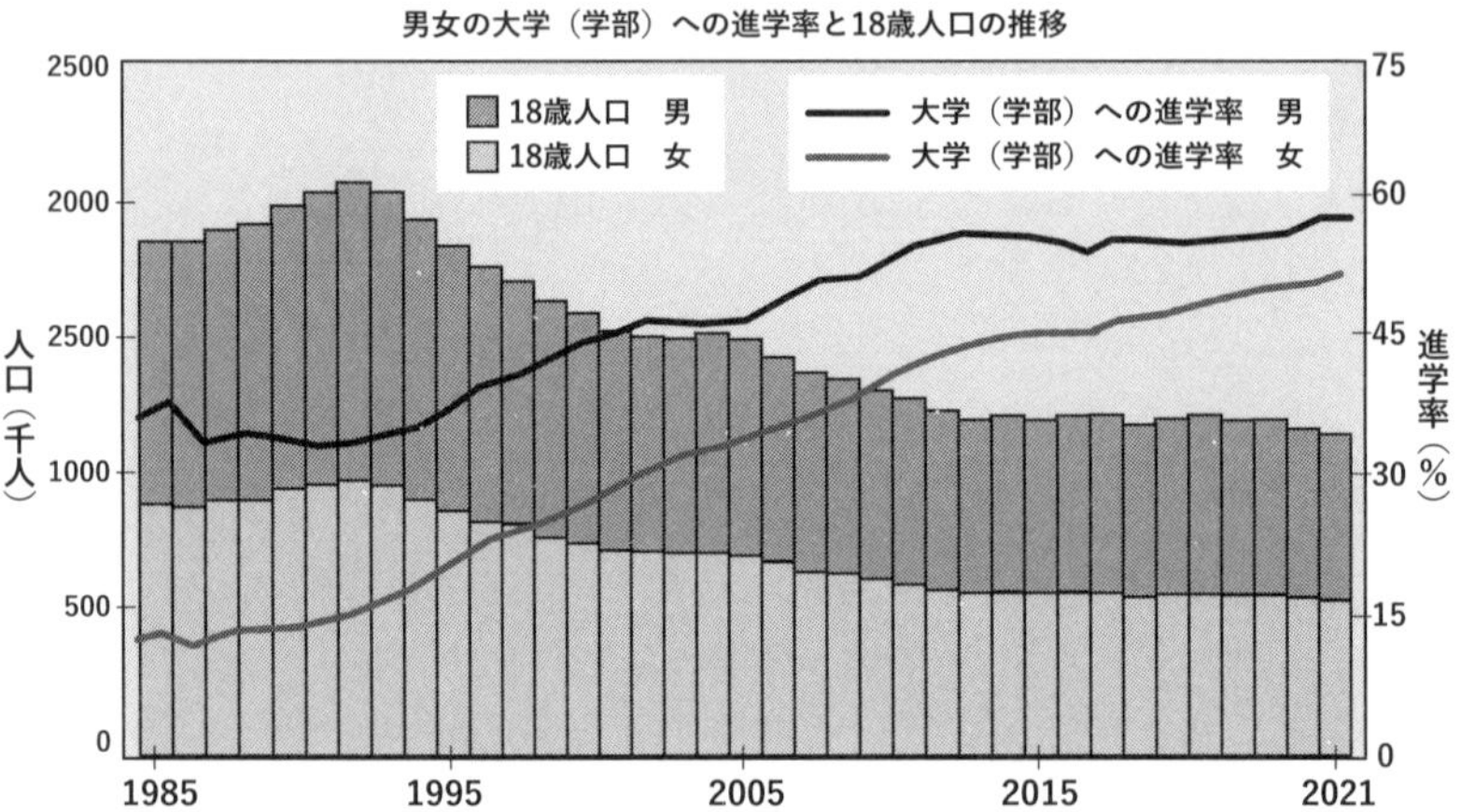

出典：文部科学省『学校基本調査』

ミナト　なかには学校に無理難題をふっかける**モンスターペアレント**もいる。

ロダン　最近は**教育委員会**もしっかりしてきて、授業中に歩き回ってしまうような落ち着きのない子については、保護者がきちんと願い出れば、教育指導員をつけてマンツーマンで対応してくれるようになっています。そうしないと、**学級崩壊**《ほうかい》してしまうから。

ナギサ　担任以外の人が教室にいること、よくありました。

ロダン　こうしてみると、学校の先生は本当によくやっていると思います。子ども思いで優秀な教師もたくさんいます。でも、だからといって、いまみたいに多様な生徒全員を、1人の落ちこぼれも出さないように教育をするのは、たぶん無理なんです。親や地域

さ　35人学級

小学校の1クラスの人数の上限を従来の40人から35人に段階的に引き下げること。2021年の2年生からスタートし、その学年が6年生に上がる2025年には全学年が35人学級となる。現状ですでに小学校の1クラスの平均は27人ほどだが、上限が35人になると、1学年36人の場合は18人のクラスが2つできることになり、平均の人数はさらに下がることが期待される。

も　モンスターペアレント

わが子を守るという名目で学校や教師に無理難題を押しつけ、過剰なクレームで現場を疲弊《ひへい》させる自己中心的な親のこと。担任の教師では終わらず、校長や教育委員会に直接訴え出るケースもあり、なかなかやっかいな存在。ただし、学校がいじめを隠蔽《いんぺい》するなど、度重なるクレームには正当な理由がある場合もあり、見分けるのがむずかしいことも。

き　教育委員会

地域の教育にまつわる決定・事務をおこなう委員会で、都道府県や市区町村に設置されている（〇〇県教委、〇〇市教委など）。公立学校の新設・廃止、校舎の整備、教師の採用・異動・研修、教科書の選定などを担っている。

が　学級崩壊

授業中に児童が教室内を歩き回る、勝手に教室から出ていってしまう、何度注意しても私語をやめないなど、教師がクラスをコントロールできず、正常な学習ができない状況を指す。

社会からいろんな要望がもちこまれる公立小学校は、すでにいっぱいいっぱいの状態だからです。

ミナト　先生もがんばっているんだね。

ロダン　生徒1人ひとりに、同じように手が回らないからといって、それを先生個人の力量不足だとするのは、あまりに理不尽《りふじん》です。それがわかっているから、お金に余裕のある家庭では、子どもを私立の小学校に通わせようとしているわけです。

私立の小中学校に入ったのに塾に通う理由

ナギサ　私立だと、何がちがうんですか？

ロダン　私立の小学校では、いわゆるつめこみ教育はほとんどしません。学校はみんな仲良く、楽しく学ぶところなので、基本的な学力は家庭でつけてください、という学校が多いんです。そのかわり、いじめなどが起きないように、生徒1人ひとりをしっかりケアしてくれるので、集団における立ち位置やコミュニケーション能力は身につきます。学校は生活習慣を教える場なので、とくに受験のための勉強は、各家庭でおこなってください、というのが、いわゆる「お受験」で入るような難関私立小学校の実態です。

ミナト　難関小学校というくらいだから、学力をつけてくれるんだと思ってた。

ロダン 親もそこをかんちがいしている人が少なくないんです。だから、入学してから子どもが勉強についていけなくなったりすると、真っ青になって個人指導の塾に入れたり、家庭教師をやとったりするんです。中学受験をするなら、有名進学塾に通うのはほぼマストです。学校の授業料だけでも高額なのに、そのうえ塾代も別にかかる。とにかくめちゃめちゃお金がかかる仕組みになっているわけです。

ナギサ せっかく私立に入った幼稚園時代の友だちが塾にもせっせと通っているのを見て、「たいへんそうだなあ」ってお母さんが言ってたけど、そういうことだったんですね。

ロダン 学力向上が最大の目的じゃなくて、むしろ遊ぶことやコミュ力を高めることを重視する学校が多いわけだから、生徒は喜んで学校に行きますよね。まわりに変な人があまりいなくて、いじめもそこまで多くないから、子どもにとってはいい環境《かんきょう》です。

ミナト たしかにそれは楽しそう！

ロダン 私立の小学校は、学力テストなどではかれない社会で生きていくための力、いわゆる**非認知能力**に力を入れているところが売りなんです。認知能力、つまり学力は学校の外でつけてください、と。ただ非認知能力が高い人は、コミュ力もあるし、「自分はやればできる」という自信もあるから、塾に

> **ひ 非認知能力**
>
> 学力テストなどで一律に点数評価できない能力のことで、その範囲は多岐《たき》にわたる。自信、やる気、集中力、忍耐力、自制心、協調性、思いやり、客観的に考える力、失敗から学ぶ力、学んだことを別のことに応用する力、試行錯誤《さくご》する力など、どれも生きていくのに必要な力である。

行けば、わりとすんなり吸収できます。つまり、子どもにとっていい環境は、**自己肯《こう》定《てい》感**を高め、学力も高めるといういい循環《じゅんかん》を生みやすいわけです。

ナギサ　私立の子がうらやましい！

ロダン　そうした環境を手に入れるために何が必要かというと、やっぱりお金なんです。私立の小学校に行けば、塾代もあわせて、最低でも年間２００万円は必要ですよ。大学生よりお金がかかるんです。

ナギサ　おそろしい……。

ロダン　私立小学校に通う子どもたちは、それがめぐまれた環境だと気づかないまま、大学まで行ってしまう。そうすると、社会に出てはじめて、世の中にはいろんな人がいるということを知って、がく然としたりするわけです。一方、公立の小中学校に行けば、まわりに自分とはちがうタイプの人がたくさんいるのが当たり前の環境で育つので、そういう人たちとつきあう方法も自然と身につきます。どちらにも、いい面もあれば、悪い面もあるということです。

じ　自己肯定感

自分のことをポジティブ（積極的・好意的・前向き）にとらえる感情。自分のことが好き、自分は生きている価値がある、自分はだれかに必要とされている、いまのままの自分で大丈夫、といった肯定的な感情がベースにある人は、広い意味で「自分を信じる」ことができ（つまり「自信」がある）、何事も前向きに取り組むことができる。

一流選手の背後には必ず親の存在がある

ロダン　たいていの親は子どもに少しでもいい教育をあたえたい、いい環境を用意したいと思っています。でも、それが時には子どもにとって大きな負担になってしまうことがある。勉強もそうだけど、わが子にスポーツや芸術分野で一流になってほしいと願う親のプレッシャーに耐えられなくなった人から、こんな相談を受けたことがあります。

第6の質問

親の期待が重すぎる。野球は好きだけど、プロになれるレベルじゃないって自分が一番わかってるのに……。

ナギサ　スポーツ推薦《すいせん》がもらえるようなレベルなのかな。

ミナト　親が入れこんでると、たまにサボりたいと思っても、言い出しにくいんだよね。お金出してもらってるから。

ロダン 親が子どもに期待するのは、子どもに幸せになってほしいと願っているからで、そのこと自体は問題ないわけです。子どもだって、親からまったく期待されなかったら悲しいはず。

ミナト 何か言われると反発したくなることもあるけど、何も言われないと、見放された気がするかも。

ロダン でも、親の期待が大きくなりすぎると、本人にとっては重荷になってしまいます。プレッシャーを感じて、それがきらいになってしまったら、元も子もないですよね。

ナギサ ちょうどいい距離《きょり》感って、むずかしいですね。

ロダン 子どもにいろいろ習い事をさせるのは、どこに才能がねむっているかわからないから、という話をしたけど、とりあえず試しに4～5回行ってみて、好きかどうか、自分に向いているかどうかを親子で話し合ってみるといいと思います。イヤなら別のことをやればいいわけで、1つに決める必要はないはずです。

ミナト 本人がイヤがるものを無理やりやらせても、おたがいに不幸になるだけだし。

ロダン ただ、スポーツや音楽、あるいは将棋《しょうぎ》や囲碁《いご》の世界は、子どものときからやっていないと、プロになるのはむずかしい。あとから「やっぱりプロ野球選手になりたい！」「プロの演奏家になりたかった！」と思っても、取り返しがつきません。だから、子どもに少しでも才能があれば、「もっとやらせてみよう」と親が期待してしまうのも無理からぬ面がありますね。

ミナト 一流のアスリートや天才音楽家の背後には、必ず親の存在があるって言うよね。

ロダン スポーツも音楽も、プロを育てるのと、趣味《しゅみ》の延長でゆるくやるというのは、まったくちがう世界です。一流を目指すというのは、親が熱心に関与するという意味で、歌《か》舞《ぶ》伎《き》の家の子どもに近い。歌舞伎役者の家に生まれたというだけで、その子は幼いころから舞《ぶ》台《たい》を経験し、将来役者になることが当然だと思われています。奥《おく》の深い世界なので、やっているうちに本人も楽しくなってきたりするから、部外者が勝手に「子どもに選《せん》択《たく》の自由がない」と批判するのは、的外れかもしれません。

ナギサ 線引きがむずかしいですね。

ロダン 簡単には線引きできないんです。しかも、前に言ったように、子どもというのは親の顔色をよく見ているから、親が喜びそうなことをやってしまうことがよくあります。やっているうちに自分でも好きになればいいけど、好きでもないのに「やめたい」と言い出せなくて、ずっと苦しい思いをしている子もいるはずです。

ミナト それはつらいな……。

ロダン じつは、ぼく自身がそうでした。父親がバイオリンをやりたかったという話を聞いて、バイオリンを習っていたけど、苦痛で苦痛でしょうがなかったんです。

ナギサ　それで、どうしたんですか？

ロダン　バイオリンをやめさせてくれたのは、小学校3年生のときの担任で、音楽が得意な先生でした。「イヤならやめてもいいよ。それで音楽がきらいになっちゃうくらいなら、やらないほうがいい」と言ってくれたんです。ぼくはプロの音楽家を育てるような立派すぎる先生に習っていたので、「そういう厳しい指導が向く場合と向かない場合があります」と、ぼくの親にも話をしてくれました。

ナギサ　すてきな先生ですね！

ロダン　一流の先生に教わることでぐんぐんのびて、才能を開花させる子もいれば、レッスンについていけずに挫折《ざせつ》してしまう子や、まわりの優秀な生徒たちと自分を比べて、かえって自信を失う子もいます。ぼくの場合は、苦しかったときに担任の先生に助けてもらった。味方になってくれたんです。

ミナト　そういう存在が身近にいるといいな。

親の言うことが絶対じゃないと知るには、第三者の目が不可欠

ロダン　親が言うことがいつも正しいとはかぎりません。親だって人間だから、まちがえることもある。親が絶対的な存在ではないと知ることが、大人の仲間入りするための第一

歩です。

ナギサ 親も迷っているし、なやんでいるんですね。

ロダン それを気づかせてくれるのが、家族以外の、別の大人の存在です。学校の先生、塾の先生、習い事の先生、親戚《しんせき》のおじさん、おばさん、友だちのお父さん、お母さん。そういう大人の目が入ってくると、自分の親とは別の意見を聞くことができるし、あなたのお父さん、お母さんも、**第三者**の意見を聞けば、「たしかにそうかも」と考えをあらためるきっかけになりやすい。

ミナト 親と直接やりあうと口ゲンカになりやすいし。

ロダン 親がズルく見えてしまうのは、しょうがない面もあります。子どもをうまいこと言いくるめて、親が思う方向へ誘導することもあるし、子どものほうでも、親からほめてもらえるように、あるいは逆に、親から怒られないように、親の思いを先回りして行動することもあるからです。

ミナト 親の気持ちを勝手に忖度《そんたく》しちゃうわけだ！

ロダン でも、子どもだって親のためにやるだけではつまらない。自分の気持ちをおし殺して、親の言うことばかり

だ 第三者

自分（第一）と相手（第二）以外の、その件に直接かかわりあいのない人のことを第三者という。第三者は感情的なわだかまりもなく、一歩離れたところから状況を眺めることができるので、客観的な意見を述べやすい。判断に迷ったときに第三者の意見を聞くというのは、行き詰まった状況を打開するときの方法の一つだが、ときおり悪気はないけど好き勝手なことを言って状況をさらに悪化させる「善意の第三者」もいるので気をつけたい。

聞いていると、やる気も出ないし、だんだん苦しくなります。だから、いまやっていることが本当に自分がやりたいことなのか。それとも、親に言われてイヤイヤやっていることなのか。一度、親子で話し合ってみることをおすすめします。

ナギサ 親が話を聞いてくれないときは、どうすればいいですか？

ロダン そんなときこそ、別の大人にあいだに入ってもらうんです。大切なのは第三者の目です。話ができそうな大人を見つけて、相談してみるといいですね。保健室の先生でも、部活のコーチでも、塾の先生でも、ボーイスカウトのリーダーでもいいんです。こんなこと言ってもいいのかな、迷惑《めいわく》なんじゃないかと気が引けるかもしれないけど、子どもから相談されて、無視できる大人なんて、あんまりいないんじゃないかな。

ミナト 逆に、親のほうが話を聞いてくれなかったりして（笑）。

ロダン 第三者の目が入ることは親にとってもメリットがあるから、自分の子どもが別の大人と接する機会をつくることも大切です。ママ友だと距離が近すぎて意見を言いにくいこともあるから、たとえば、お父さん、お母さんの大学、高校時代の友だちを自宅に呼ぶ。子ども好きの人なら、いっしょに遊んでもらえばいい。そこで感じたことを子どもに話してもらってもいいし、あとで教えてもらったりすると、親も自分では気づかなかったことに気づくことがあります。

ナギサ 子育てしながら、親も、学んでいるんですね。

ロダン そうやってときどき、第三者の目でチェックを入れると、まちがった方向に行きそうなときに修正することができるし、子どもにとっても「世の中にはいろんな大人がいる」「親は絶対じゃない」ことを知るチャンスになります。それを知らないまま育つと、いくつになっても親離《ばな》れができません。40才近くになっても「お母さんの言うことが絶対！」と信じて疑わない男の人なんて、ざらにいるんです。

ナギサ うわぁ……。

ロダン 親離れできないのは男性ばかりではありません。いくつになっても父親に甘えて、会社に行くのに毎日最寄りの駅までお父さんに車で送ってもらってる女性だっています。家を出て一人暮らしをしないかぎり、掃除《そうじ》も洗濯《せんたく》も料理も食器洗いも全部やってくれるから、いつまでも親にべったりで、余計に離れられなくなるわけです。

ナギサ 甘やかしすぎ！

ロダン そうならないためにも、親のことをちょっと離れて見る機会が必要なんです。第三者の目を入れることもそうだし、恋愛したときの親の態度を見ることもそうです。そうすれば、「親の言うことが絶対」というのは、ただの思いこみだとわかるはずです。

ナギサ 親と距離をとる必要があるのはわかります。でも、親が勝手にこっちに干渉《かんしょう》してくるときはどうすればいいんですか？

ロダン 過保護・過干渉な親とのつきあい方はたしかにむずかしい問題です。

ミナト そういえば、お母さんがおれのスマホを勝手に盗み見たことがあって。あれはさすがに頭に来たよ！

ナギサ スマホ見るのは反則だよね。断固反対！

第7の質問

子どものスマホを勝手に見るのは反則じゃない？

ロダン 夫婦や恋人《こいびと》同士の場合は、勝手に相手のスマホを見ると、**プライバシー**の侵害《しんがい》とみなされる可能性があるけれど、子どもが**未成年**のときは、親が勝手に子どものスマホを見ても、残念ながら、罪に問われることはないんです。

ミナト え？　そうなの？？？

ロダン 未成年の子どもは、法律的には親の保護下にあるからです。でも、だからといって、本人にナイショで親が子どものスマホをぬすみ見るのは、決してほめられたことじゃない。親子であっても、こえちゃいけない線があると思います。心配だからって、子どもの人格を認めないと、子どもはいつまでも自立できません。

ナギサ なんでもお母さんの言いなりになると思ったらおおまちがいです！

ロダン 大人から見ると、そっちに行ってもうまくいかないんじゃないかな、こっちのほうがいいんじゃないかな、と思うことはたくさんあります。わが子なら、なおさらです。だから、ついあれこれ口を出したくなるんだけど、大人がそうやって予防線を張ってしまうと、子どもたちは自由に失敗することさえできなくなります。

遠回りすることが一番近道

ミナト 失敗なんかしないほうがいい気がするけど？

ロダン それはちがうと思う。失敗というのは、新しいことにチャレンジした結果です。失敗して、痛い目を見た人は、次の機会には、きっと同じ失敗をしないはずです。たくさん失敗した人は、たくさ

ぷ　プライバシー

パブリック（公的）ではないプライベート（私的）な領域を守る権利で、自分自身や自分の家庭内の出来事（私生活・私事）を勝手に他人にバラされたり、他人の干渉を受けたり、強要されたりしないこと。自分の写真を勝手に撮影されたり、無断で公表されたりしない権利も含む。

み　未成年

2022年4月から成年年齢が20歳から18歳に引き下げられたため、17歳以下が未成年となる。未成年者は一人前の存在ではなく、父母の親権に服するものと法律で決められているため、進学先や就職先を決めたり、携帯電話を契約したり、家を借りたりするときは親の同意が必要となる。

ん経験しているから、次は成功する可能性が高くなる。はじめから失敗をおそれて何もできない人と比べると、答えがすぐに見つからない問題にぶつかったときの対応力に差が出ます。受験とちがって、世の中は答えのない問題だらけだからね。

ナギサ　失敗は成功の母、ですよね！

ロダン　うまくいったことより、失敗から多くを学ぶのが人間です。なんでも親が先回りして、でこぼこのない平坦《へいたん》でまっすぐな道を用意してしまうと、子どもはせっかくの学びのチャンスをうばわれてしまう。回り道したり、寄り道したり、時にはいま来た道をもどったり、つまずいて転んだりしながら、人間は成長していくものです。

ミナト　イチロー選手も「遠回りすることが一番近道」だと言ってた！

ロダン　なかには「子どもには自分と同じ失敗をしてほしくない」という親もいるかもしれません。でも、自分はその失敗から何かを学んだはずなのに、自分の子にそれを学ばせないのは、おかしいと思いませんか？　親はそれで1つかしこくなったかもしれないけど、子どもにはその知恵を身につける機会さえないのですから。

ナギサ　ホントですね！

ロダン　最短コースでゴールを目指すのが効率的でムダがない、とよく言われます。でも、それが有効なのは、ゴールが明確に決まっているときだけで、さっきも言ったように、社会に出れば、正解がない、つまり、あらかじめゴールが決まっていない問題だらけなんです。だから、あれこれ試すことは、一見、遠回りに見えて、実は問題解決のいちばんの王道とも言える。イチロー選手もそのことを言ってるんじゃないかな。

ミナト　「ムダなことはしたくない」って人が多いけど、コスパだけ考えたら、なんにもできなくなっちゃうよね。

ロダン　人生にムダなんかありません。だから、思い切っていろんなことにチャレンジしたほうがいいし、いろんな人たちと接してみるのがいいと思います。

ナギサ　でも、お母さんは「友だちとうまくいってるの？」「あの子と

「最短コースでゴールする」のが正解ではなくなってきた？

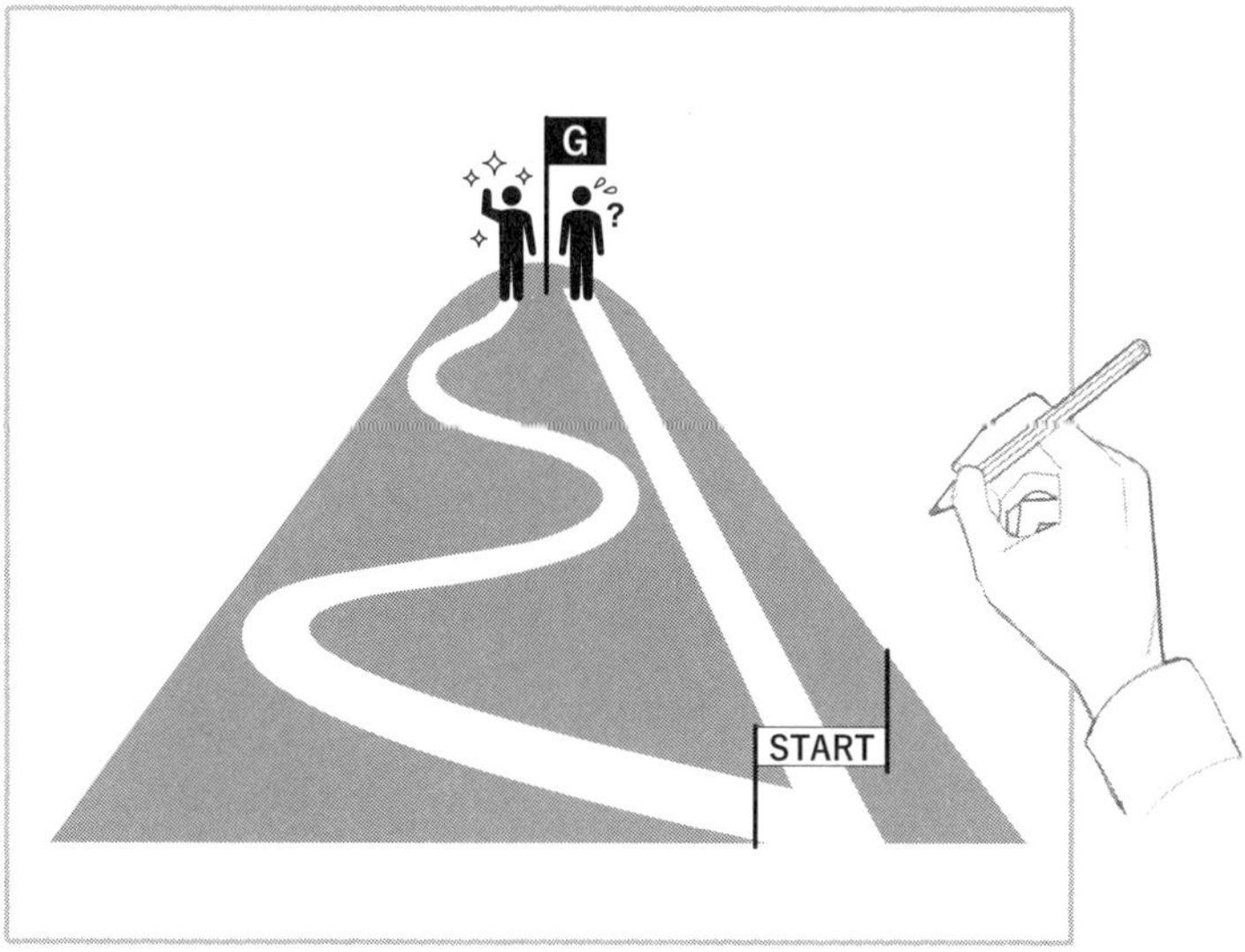

はあんまり仲良くしないほうがいいよ」とか言って介入してくるんです。

ロダン　世の中にはいろんな人がいるから、大人でも「合う人」「合わない人」というのは当然あります。でもそれは、つきあってみてはじめてわかることでもあるわけです。小さいときからいろんなタイプと接していれば、そのあたりの見分けがつくようになるし、おたがいに気持ちよくいられる距離《きょり》感も自然と身につきます。だけど、家庭環境も経済水準も学力も似たような人たちばかりに囲まれて育つと、社会に出てからびっくりすることになるんです。「こんなやつ、本当にいるんだ！」と。

ナギサ　自分よりできの悪い人をバカにする人っているよね！

ロダン　他人を見下す人は、どんなに優秀で学歴が高くても、一流のリーダーにはなれません。部下になる人たちが、ついていかないからです。だから、できるだけいろんなタイプの人と接しておくことが重要なんです。つきあってみて、やっぱりイヤだと思ったら、おたがいに距離をおくようになる。親がつきあう友だちを決めてしまうと、そのあたりの距離感が身につかないので、ほどほどに聞いておくことです。

わが子を自分のコントロール下におこうとする「毒親」の存在

ナギサ　それでも親が強引に介入してきたら、どうすればいいんですか？

ロダン　その場合、親がかんちがいしている可能性がある。ほとんどの親は、子どもに幸せになってほしいと願っています。でも、なかには、そうとは思えない親もいる。わが子を「自分のもの＝所有物」のように考え、すべて自分の思いどおりにコントロールできないとがまんできないタイプです。

ミナト　「あれしちゃダメ」「これしちゃダメ」って、なんでも命令するタイプだ！

ロダン　「この学校以外は認めない」とか「口ごたえは一切許さない」とか言って、すぐにキレる親は要注意です。親とのコミュニケーションでなやんでいる人は、古谷経衡《つねひら》さんの**『毒親と絶縁する』**を読んでみてほしいです。親の言いつけを守ることが絶対ではないこと、どうしようもないときは逃げてもいいことがわかるはずです。

ナギサ　読んでみます！

ロダン　親子関係がうまくいってないという人でも、ここまで極端なケースはレアかもしれません。でも、世の中にはこんな親もいると知ることで、自分の親を相対化できます。いろいろ文句はあるけど、これくらいなら許せると思うかもしれないし、自分の親も負けず劣《おと》らずひどいから、「自分もどうにかしなきゃ！」と思うかもしれません。

ふ　『毒親と絶縁する』

集英社から出ている古谷経衡の著作。帯のコピーは「『教育虐待』とは何か？」。教育の名のもとに、親から徹底的におさえつけられ、自由を奪われ、ついにはパニック障害を引き起こした著者が、親子関係を断絶するに至るまでの壮絶な記録。子どもは「逃げるしかないときは逃げてもいい」ことを知るだけでも意味があるし、親にとってもわが身を振り返るきっかけとなるはずだ。

ミナト　どうにかするって、どうすればいいの？

ロダン　自分の力だけではどうにもできないと感じたら、まわりの大人に助けを求めてください。世の中の大人は、子どもを守るために存在しているんです。そう思えない大人もなかにはいるかもしれないけど、たいていの大人は、子どもが真面目に相談したら話を聞いてくれます。

ナギサ　そこは大人を信用しろ、と。

ロダン　先ほど紹介した本の古谷さんは自分で戦うしかなかったけれど、だれか頼れる大人がいれば、それにこしたことはない。ただ、そこまで話をこじらせないためにも、親以外の第三者の目が必要なんです。他人の目が入っていれば、親だって、そんなにムチャなことはできません。別の大人にアドバイスされたら、もしかすると「やりすぎかも」と気づいてくれるかもしれない。

ミナト　それは子どもの相談相手というより、親自身の相談相手？

ロダン　そういうこともあるでしょう。子育てや教育については、自分がまちがっているかもしれないとなやんでいる親は、決して少なくないんです。親が自分自身を客観視するためにも、なにかあったときに相談できる相手がいたほうがいい。それは職場の先輩《せんぱい》かもしれないし、大学時代の友人や、かかりつけのお医者さんかもしれません。

ナギサ　子ども1人を育てるのにも、いろんな大人の目があったほうがいいんですね。

ロダン　「おれの言うことを聞け」という昭和のがんこオヤジみたいな父親よりも、いまは息子にべったりの母親のほうがこわいかもしれません。

ミナト　**『血の轍《わだち》』**の世界ですね！

ロダン　よく知ってるね！　あのマンガに出てくる母親は極端だけど、ああいう極端な例を知っておくだけで、自分と親との関係を見直すきっかけになるはずです。

ミナト　読めば読むほどおそろしいです。

ロダン　目に入れてもいたくないほど息子を溺愛《できあい》し、息子に異常に執着《しゅうちゃく》するママの存在は、男の子の成長を止めてしまう。友人関係に口出しするだけじゃなく、息子の淡《あわ》い初恋《はつこい》にまで横やりを入れて、２人の仲を裂《さ》こうとする姿は、もはや、親というより恋人そのものだ。

ナギサ　えええ……。

ロダン　母親は、満たされなかった自分の恋愛《れんあい》願望を息子に託《たく》しているわけで、そんなママに何から何までやってもらって育った男は、将来、自分の恋人や奥さんにも同じことを求めるようになるかもしれません。

ナギサ　うわぁ、そういう人はちょっとなぁ……。

ロダン　そうならないためにも、親と適度に距離をおくことが

お　**『血の轍』**

小学館から出ている押見修造のマンガ。中学生のかわいい息子・静一のことをだれにもとられたくないという執着心が度を越え、精神のバランスを崩してしまった母親・静子。静子が静一のいとこのしげるを崖から突き落とした事件をきっかけに、静一も母を失いたくない一心から、出口の見えない共依存のような関係におちいってしまう。あまりのおそろしさにメンタルをやられないように要注意。

大切なんです。子どももちゃんと親離れしておかないと、あとで自分が苦労することになるから、気をつけましょう。

親が親としての責任を放棄したとき

ロダン　何にでも口を出して、子どもを意のままにあやつろうとする過干渉の毒親もいれば、口を出さないどころか、子どもを放置して、育児や教育をほとんどしない親も、残念ながらいます。親としての責任を放棄《ほうき》することを**ネグレクト**と言って、これはもう完全に児童虐待《ぎゃくたい》の世界です。こんな切実な相談が寄せられたこともありました。

第8の質問

親が食事をつくってくれません。

ナギサ ええ〜っ！　これ、ヤバくないですか？　すぐに助けが必要です！

ロダン ここまでくると、**児童相談所**などの専門機関が介入しなければ、命があぶない。親に暴力をふるわれた。親が全然帰ってこない。まともに食事をつくってもらえない。学校に行かせてもらえない。何日も風呂に入っていない。ずっと同じ服を着たまんま。少しでも心当たりがある人は、いますぐ身近な大人に助けを求めてください。

ナギサ そういう大人が近くにいないときは？

ロダン 児童相談所の虐待対応ダイヤル「189（いちはやく）※全国共通」に電話してみてください。向こうはその道のプロで、いろんなケースを見てきているから、あなたに合ったやり方で対応してくれるはずです。保護が必要な場合も、ちゃんと引き取って守ってくれます。

ミナト 自分で言い出せない人もいそうだ……。

ロダン そうなると、まわりの人が気づいてあげるしかないです。ただ、親子関係は複雑で、外からはう

ね　ネグレクト

子どもや障がい者、要介護者など、本来、保護や介護が必要な弱者に対して、保護する側の親や同居する家族、医療・介護施設の従業員などがその責任を怠り、必要な世話をしないこと。子どもに食事を与えない、学校に通わせない、病気なのに医者にみせない、(宗教的信念によって)適切な医療を施さない、汚物まみれのまま放置するなど。

じ　児童相談所

子どもの権利を守り、子どものいる家庭をサポートするための組織。子どもが虐待を受けているという通報があれば、安全確認、学校などとの連携、親への指導、場合によっては子どもを一時保護して、その後の方針を決める。発達障害や子どもの不登校、非行など子育てのなやみ相談も受け付けているので、関心のある親は相談してみるといいだろう。

かがい知れないものがあります。なかには、親があやしげな宗教にはまって、子どもに非常にかたよった教育を与えたり、満足に教育を与えなかったりすることもある。宗教がからむと、外野が口出しするのはむずかしくなります。だからこそ、ふだんから第三者の目を入れて、風通しをよくしておくことが重要なんです。

ナギサ 親が新興宗教にハマって悲惨《ひさん》な子ども時代を送った人が、「**宗教2世**」として注目されていましたね。

親のゆがんだ願望のツケを払わされる子どもたち

ロダン ネグレクトについては、角田光代さんの『**八日《ようか》目《め》の蟬《せみ》**』を読んでおくといいかもしれません。父親の不倫《ふりん》相手による赤ちゃん

し 宗教2世

特定の宗教を信仰する親のもとで育った子どものこと。宗教団体への多額の献金で生活が困窮したり、宗教の教えにしたがって偏った教育を施されたり、ネグレクトされたりして、影響が残ることも。2022年の安倍晋三元首相の銃撃事件をきっかけに、旧統一教会の宗教2世問題がクローズアップされた。興味がある人は、菊池真理子のマンガ『「神様」のいる家で育ちました～宗教2世な私たち～』（文藝春秋）を読んでみてほしい。

つ 『八日目の蟬』

不倫相手の秋山の子を中絶して子どもを産めない体になった野々宮希和子は、秋山とその妻のあいだに生まれた赤ん坊（恵理菜）を思わず連れ去ってしまう。誘拐犯として指名手配された希和子は、各地を転々としながら恵理菜をわが子として育てるが、4年後に逮捕される。秋山家に戻った幼い恵理菜は実の母親を母と思えず、それを見た母親は精神のバランスを崩してネグレクト状態に。どこまでも他人事のような父、ヒステリックに呪いの言葉を吐き続ける母に嫌気がさし、大学生になって一人暮らしを始めた恵理菜もまた不倫相手の子を妊娠してしまう。角田光代著。刊行は中央公論社。

の連れ去り事件をきっかけに、崩壊《ほうかい》してしまった親子関係と、「母親とは何か」を問うた作品なんだけど、映画にもなっているから、気になる人は見てみて。

ナギサ 見てみます！

ロダン 赤ん坊を連れ去った希和子は、映画では永作博美が演じているんだけど、一時、エンジェルホームというあやしげな団体に身を隠します。親の信仰は親の自由かもしれないけど、子どもにはその影響が長く残る。そんなことも考えさせられる作品です。

ミナト 子どもは親を選べない。

ロダン 古谷さんの『毒親と絶縁する』は親の学歴コンプレックス、『八日目の蟬』は父親の不倫が原因になっています。どちらも親のゆがんだ願望、ゆがんだ行動のツケを子どもが払わされているわけで、過干渉とネグレクト、やり方は正反対だけど、どっちも「毒親」であることにはちがいない。できれば自分の身にはおきてほしくないけれど、本や映画を通じて、その代理経験をしておくことには意味があります。

ナギサ 自分のことも自分の親も、客観的に見られるようになる。

因果応報は「あきらめ」であると同時に「希望」でもある

ロダン ひとつ希望があるのは、古谷さんが、負の連鎖《れんさ》は自分の代で断ち切るんだと言っていることです。『八日目の蟬』の連れ去られた子、恵理菜（映画では井上真央が演じた）もそうで、シングルマザーになっても、自分が子どものときに受けてつらかった思いを再生産して自分の子どもにまでおしつける必要はない、そこで断ち切るんだという強い意志を感じます。そこに、両方の作品に共通するメッセージがあるのかなと。

ナギサ 自分がやられてイヤだったことを、自分の子にする必要はない。

ロダン 仏教には**因果応報**という考え方があって、目の前の出来事は、すべて過去のおこないの結果であるという。過去によいことをすればよい報いがあるし、悪事をはたらけば悪い報いがある。一見、当たり前のことを言っているようだけど、見方を変えれば、現在起きていることは、いまさら変えようがない、あきらめるしかないということでもあります。

ミナト ホントだ。

ロダン だから、因果応報というのは、現在の状況に対しては「あきらめの論理」なわけだけど、視点を未来に向ければ、いまよいことをしておけば、将来よいことが起きるわけで、未来については「希望の論理」にもなるんです。過去の（親の）まちがったおこないを自分の代で改める。いま行動を起こせば、未来を変えられる。そういう希望に満ちたメッ

い 因果応報

因果（原因と結果）はつながっていて、善いおこない（原因）をすれば幸福（結果=報い）がもたらされ、悪いおこない（原因）をすれば不幸（結果=報い）がもたらされる、という仏教の教え。この世のすべては過去のおこないによって決まるとする考え方であり、神がこの世を創造したというキリスト教やイスラム教の教えとは異なる。

セージでもあるわけです。

ナギサ　やっと明るい気分になりました！

ロダン　この2つの作品は、そういうメッセージをさりげない形で当てはめていて、いかにも仏教的な土壌で生まれた作品だと思います。キリスト教では、**原罪**《げんざい》といって、人間の罪は生まれる前からあることになっているので、そのあたりの感覚はかなりちがうんです。その話をすると長くなるので、また別の機会にゆずりましょう。

げ **原罪**

人間が生まれながらに負っている罪のこと。神のエデンの園に住んでいたアダムとイヴが神の命令に背いて「善悪の知識の木」の実を食べてしまったことを指す。イエス・キリストはアダムとイヴの子孫である人類の身代わりとなって一度死に、3日目に復活した。そのことで人間は原罪から救われ、神の国へ行く資格を得た、というのがキリスト教の基本的な教え。

〜・〜

ともしびの門を出ると、西のほうの空が赤らみはじめていた。

「そうだ、すっかり忘れてた。理科のノート貸してよ。サト先だから、同じでしょ？」とミナトは言った。

「クラスの子に頼めばいいじゃん」

「そういうわけにはいかないんだって。男子はノートなんかとってないし、女子には、ほら、頼みにくいでしょ」

「わたしも女子なんですけど！」ムッとしながら、ナギサはカバンから自分のノートを取り出した。「あさってには返してね。わたしだって使うんだから」

「さすが！　やっぱり持つべきものは友だちだね〜。ありがとう。その日も練習休みだから、家に帰ったらすぐに返しにいきます」

学校で渡してくれればいいのに……と言いかけて、ナギサはその言葉をのみこんだ。「そうだね、家に来てもらったほうがいいかも」学校だとだれに見られるか、わかったもんじゃない。

会話が途切れると、２人はだまったまま家路についた。自転車で坂道を下ればラクなのだが、どういうわけか、２人とも自転車をおしながら歩いて帰った。時折、人通りの少ない道で、踏切を通過する電車の音が聞こえてきた。

おたがいの家が近づいたとき、ミナトが前方を向いたまま、突然口を開いた。「あのさ、テストが終わったら……また行かない？　ともしびに」

ドキッとした。ナギサもちょうど同じことを考えていたのだ。「うん、行きたい！　ロダン先生にも会いたいし！」

ロダン先生に会いたい、というナギサの言葉がトゲのようにひっかかったが、それよりもうれしさのほうが上だった。だが、ここはがまんのしどころだ。バカみたいに喜んでは、ナギサに足元を見られてしまう。ミナトはあえてムスッとした顔で言った。「――水曜は部活がないから、テストが返却された次の水曜日ならどう？」

「いいよ！」とナギサがほほえみ返した。

そこがミナトのがまんの限界だった。表情がくずれ、自然とニヤニヤしてしまう。

「じゃあ約束な！」

２人とも、小学校時代に戻った気がした。

2日目

学校や先生って正しいの？

定期テストが終わった。万全の準備でのぞんだナギサはいつものように学年上位をキープし、ミナトはナギサから借りたノートのおかげで赤点をまぬがれ、無事バスケ部を続けられることになった。

そして水曜日――。

ナギサはその日、朝からソワソワしていた。学校が終わったら、ロダン先生のところに行くからだ。ミナトといっしょに、ということは、あえて意識しないようにした。帰宅後、私服に着替《きが》えてミナトの家が見えるところで待っていると、ミナトが出てきた。あれ？　なんか様子がちがう……。

「もしかして、髪切《かみき》った？」

ナギサが聞くと、ミナトはふくれっ面をしながらぶちまけた。

「それがさ～、聞いてよ。昨日、部活から帰ってきてから美容院に行ったんだけど、今朝、学校でタニ先に呼び止められて、〝ツーブロック禁止って知ってるだろ？　今回はギリギリ見逃してやるけど、これが限界だからな〟とか言われてさ。こんなの、ただの刈《か》り上げじゃん？　バスケのジャマにならないように短くしただけだっていうのにさ」

ミナトにしてはめずらしく饒舌《じょうぜつ》だったが、ミズタニ先生から「色気づいてるんじゃねえぞ」と言われたことは、だまっていた。昨日あわてて髪の毛を切りにいった理由を見透《みす》かされているような気がしたからだ。

「女子もポニーテール禁止とか言われてるけど、やっぱり変だよね～」そう口にしてから、ナギサの顔がパッと明るくなった。「そうだ！　ロダン先生に校則のこと聞いてみよう！」

2人は自転車に乗り、ともしびに向かった。氷川神社に続く上り坂に着くと、ミナトが急に「ヨーイ、ドン！」と言って勢いよくこぎだした。ナギサも負けじとペダルをふんだが、2人の差は開くばかり。ナギサがようやく坂の上までたどり着いたときの、ミナトの勝ち誇《ほこ》った顔といったら！

小学校のときはナギサのほうが背も高かったし、体力的にも負けなかったが、ここ数年、身長が伸《の》びたミナトに追いぬかれ、いつのまにか、見上げるようになっていた。ミナトが急にたくましくなったような気がした。


図書館の扉《とびら》をくぐると、前回と同じように、カランカランと鈴《すず》が鳴り、前回と同じように、コーヒーのいい香りが2人を包みこんだ。ロダン先生は、これまた前回と同じように、カウンターの奥で本を読んでいた。

「いらっしゃい、また来たね」

ロダン先生はそう言うと、「デカフェ、デカフェ」と口ずさみながら、さっそくコーヒーを

淹《い》れる段取りにとりかかった。

「さあ、どうぞ」

できあがったコーヒーを2人の前に置き、向かい合わせのイスに腰《こし》を下ろすところまで、はかったように前回と同じだった。

「さて、今日はどんな話を聞かせてくれるのかな？」

〜・〜・〜・〜・〜・〜・〜・〜・〜・〜・〜・〜・〜・〜・〜・〜・〜・〜

ミナト　今日お聞きしたいことは、ずばり「校則」です。髪型とか、髪の色とか、くつ下や下着の色まで決まってるのって、単純に変じゃないかと。

ナギサ　学校はなんで、生徒をルールでがんじがらめに縛《しば》ろうとするんでしょうか？

第9の質問

意味不明な校則が多すぎる。個性が大事とか言ってるのに、なんでも型にはめようとするのはおかしくない？

ロダン　校則に不満をもつ人は多いですね。だけど、人間が集団で生活するためには、一定のルールが必要なのはわかるでしょ？　たとえば、だれも時間を守らず、好き勝手に校内をうろついていたら、そもそも授業なんて成り立ちません。

ナギサ　勉強が大事なのはわかります。でも、ここで言っているのは、そういう基本的なルールじゃなくて、もっと細かい校則の話です。髪型とかスカートの丈とか、勉強とは全然関係ないじゃないですか！

ミナト　それを言うなら、制服だって変だよね。全員バラバラの服で授業を受けたからって、勉強の中身とはまったく関係ない。なんで制服なんてあるんだろう？

ロダン　制服に関しては、私服だと毎日ちがう服を着ないといけないから、服代がかかりすぎるという親の事情もたしかにあるんだけど、言いたいことはわかります。現に、一部の高校では私服通学が認められている。しかも一般に、校則がゆるい自由な校風の学校ほど、進学実績が高い上位校だとされています。

ミナト それって、頭のいい生徒が相手なら、ある程度自由にさせても大丈夫ってこと？

ナギサ 逆に、校則がキビしい学校の生徒は信用できないってことですよね？　何をしでかすかわからないから、ルールでがんじがらめに縛っておくと。

ロダン 必要以上に細かいルールを決めている学校は、そう疑われてもしかたない面がありま す。ただ、こうした細かい校則が日本中の学校に広がっているのは、いまだに戦前・戦後の教育の影響《えいきょう》が残っているからだと思うんです。

ナギサ どういうことですか？

日本の学校教育のモデルは軍隊と工場にある

ロダン きっちり決められたルールにしたがって、おおぜいの人が同時に同じ作業をこなす。それがいちばん有効だったのは、軍隊や近代の工場です。命令にそむいて各人が勝手に動く軍隊が敵を打ち負かすのはむずかしいし、工場で働く人が決められたこと以外のことをすると品質がバラバラになってしまう。上官や上司の命令で全員の行動がビシッとそろうことが美しいし、価値があると思われていたんです。

ミナト　学校のモデルは、軍隊や工場なんだ！

ロダン　そのとおりです。第二次世界大戦で敗戦国となった日本はとにかく貧しく、物もお金も不足していました。だから、同じ物を安く大量に作って、1人でも多くの人の手に届けることが重要でした。そのため、戦後の**高度経済成長期**には、単純作業をくり返す工場労働者を大量に育てる必要があったんです。列を乱さず、だれもが同じように仕事をすることが求められたから、ちがいや例外を認めない、画一的な教育にも意味があったのかもしれません。

ナギサ　「前へ～ならえ！」ってかけ声がいまでもある。あれ、ずっと不思議だったんです！

ロダン　まさにそう！　前の人にならって、一糸乱れず行動する。朝礼で一列に並ぶのも、教室で「起立、礼、着席」という合図にしたがっていっせいに立ったり座ったりするのも、いかにも軍隊っぽいでしょ？　たとえそれがどんなに理不尽な命令であっても、上官の命令には絶対服従。隊を乱す人間には鉄《てっ》拳《けん》制裁、つまり上官による体罰《たいばつ》が待っていました。

ナギサ　いまでもときどき部活の体罰が問題になります。

ロダン　まったく同じ構図なんです。そうした教育が、いまだに学校現場に残ってるわけです。

こ　高度経済成長期

1955年から1973年にかけて、日本経済は実質経済成長率が年平均10％前後も成長し続け、戦後の荒廃から立ち直った。去年より今年、今年より来年は確実に豊かになるとだれもが信じることができた時代で、同じ物を安く大量につくって行きわたらせる「大量生産・大量消費」がよしとされた。

ミナト　軍隊と同じと聞くとショックです……。

ロダン　わかります。でも、日本人は長らくそういう教育を受けてきたから、「みんなといっしょのことをする」のが身についているんです。「みんないっしょ」というのは、裏を返せば、「ちがいは認めない」ということです。

ミナト　個性が大事と言っているのに、同じことをするように教育するのって矛盾《むじゅん》してる。

ロダン　ぼくもそう思います。さっきも言ったように、学校というのは、もともと工場や軍隊と同じシステムなわけで、学校が集団生活のルールを身につける場だという理屈《りくつ》にも、かつては一定の意味がありました。昔は物が不足して、みんな貧しかったから、大量生産された商品をみんなと同じように手に入れるだけでうれしかったんです。

ナギサ　「みんないっしょ」でいることに、価値があったんですね。

ロダン　でも、いまはちがいます。安くていい商品やサービスがあふれ、その気になれば、だれでも簡単に手に入れられるようになった。そうなると、みんなと同じモノをもっているだけでは満足できません。自分の好みにあった、自分だけのオリジナル。そういうモノにお金を出すようになってきたわけです。

ミナト　「みんなとちがう」ことに、価値が出てきた！

ロダン　スターバックスで自分の好みにオーダーできるのも、スマホのアプリを自由に組み合わせられるのも、ジムで自分に合ったメニューでトレーニングできるのも、塾で自分の学習進度や得意不得意に合わせてカリキュラムを組めるのも、単一の商品や画一的なサービスでは、利用者のニーズ（要望）をとらえきれなくなってきたからです。

全員いっせいに同じ授業を受けるのが平等とはかぎらない

ロダン　教育だって同じです。同い年の人たちが同じ時間に同じ場所に集まって同じことを学ぶ、というのは、よく考えればおかしな話です。性格も、学力も、得意不得意も、好ききらいも、体と心の成長のスピードも、全部バラバラなのに、なぜみんないっせいに同じことを学ばなければいけないのでしょうか？

ナギサ　言われてみれば、たしかにそうですね。

ロダン　本当は、あることを勉強するのに最適なタイミングは、1人ひとりちがうはずなのに、画一的なカリキュラムでいっせいに教えるというのは、実は、学力をのばすという本来の目的にかなっていません。にもかかわらず、これまで個人の実情に合わせてカリキュラムを組めなかったのは、人手と教材の面で、個別対応しきれなかったからです。

ミナト　先生は1人きりだし、教科書も1科目1冊と決まってた。

ロダン　だけど、個別指導をうたう塾では、自分の好みに合わせてカリキュラムを組めるようになっています。それができるようになったのは、1つの科目を1人の先生が最初から最後まで全部教えるのではなく、単元ごとに分け、さらに細かく小さなブロック単位に分けて、それぞれ別の先生が、別の教材を使って、教えられるようにしたからです。

ナギサ 今はそういうオンライン予備校もありますよね。

ロダン そうです。細かく細かく分けて、ニガテな分野を1個1個つぶしていく。自分はまだここができていないと思えば、その分野の解説をくり返し見たり、プリントを何枚も解いたりして、納得するまで勉強できたほうが、本人のためでもあります。

ミナト 学校の授業は、年間のスケジュールが決まっているから、どんどん進んじゃう。

ロダン おいてけぼりにされた生徒はやる気をなくしちゃうよね。自由にカリキュラムが組めれば、自分に合ったペースで勉強できるから、落ちこぼれてしまう心配もありません。最終的にみんなが一定の学力を身につけることが重要なのであって、全員いっせいに同じ授業を受けるのが平等とはかぎらないんです。

ナギサ そんなこと、考えたこともありませんでした。

ロダン たとえば、中学3年間で習う数学は、図2－1の左の列のように範囲が決まっているんだけど、これを「意味のまとまり」で並べかえると、左から2列目のようになります。

ミナト 「1次方程式→連立方程式→2次方程式」とか、「比例・反比例→1次関数→関数 $y=x^2$」みたいに並ぶと、わかりやすいかも！

ロダン 人によっては、学年ごとに順番に学ぶよりも、「1次方程式→連立方程式→2次方程式」

[図2-1] 数学も「まとまり」で見るとわかりやすい

学年	単元	分類
中1	正負の数	式の計算
中1	文字と式	式の計算
中1	1次方程式	方程式
中1	比例と反比例	関数
中1	平面図形	図形
中1	空間図形	図形
中2	式の計算	式の計算
中2	連立方程式	方程式
中2	1次関数	関数
中2	平行と合同	図形
中2	三角形と四角形	図形
中3	多項式と因数分解	式の計算
中3	平方根	式の計算
中3	2次方程式	方程式
中3	関数$y=x^2$	関数
中3	相似な図形	図形
中3	円	図形
中3	三平方の定理	図形

分類	単元	学年
式の計算	正負の数	中1
式の計算	文字と式	中1
式の計算	式の計算	中2
式の計算	多項式と因数分解	中3
式の計算	平方根	中3
方程式	1次方程式	中1
方程式	連立方程式	中2
方程式	2次方程式	中3
関数	比例と反比例	中1
関数	1次関数	中2
関数	関数$y=x^2$	中3
図形	平面図形	中1
図形	空間図形	中1
図形	平行と合同	中2
図形	三角形と四角形	中2
図形	相似な図形	中3
図形	円	中3
図形	三平方の定理	中3

学習順序の並べ替え

1次式の乗法	$a\times x=ax$
1次式の除法	$a\div x=\frac{a}{x}$
累乗	$x\times x=x^2$
同類項でくくる	$ax+bx=(a+b)x$
分配法則で開く	$(a+b)x=ax+bx$
代入計算	$x=1$のとき，$2x+3$の値を求めよ
不等式	$x>a$
2次式	ax^2+bx+c
同類項でくくる	$ax^2+bx+cx^2+d=(a+c)x^2+bx+d$
分配法則で開く	$(a+b)x^2=ax^2+bx^2$
2次式の乗法	$ax\times bx=abx^2$
2次式の除法	$ax^2\div bx=\frac{ax}{b}$
代入計算	$x=1, y=2$のとき，$3x-4y$の値を求めよ
多項式	$(a+b)(c+d)=ab+ac+bc+bd$
乗法公式	
因数分解	

単元を細かく分解

乗法公式①	$(x+a)(x+b)=x^2+(a+b)x+ab$
乗法公式②	$(x+y)(x-y)=x^2-y^2$
乗法公式③	$(x+y)^2=x^2+2xy+y^2$
共通因数でくくる	$ax+ay=a(x+y)$
乗法公式①で因数分解	$x^2+(a+b)x+ab=(x+a)(x+b)$
乗法公式②で因数分解	$x^2-y^2=(x+y)(x-y)$
乗法公式③で因数分解	$x^2+2xy+y^2=(x+y)^2$
共通因数でくくって乗法公式	$ax^2-ay^2=a(x+y)(x-y)$

さらに細かく分解

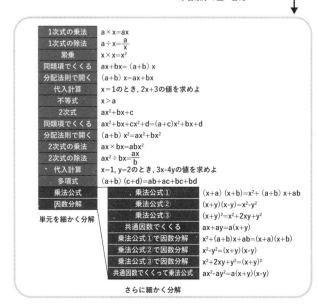

のような意味のまとまりを一気に学習したほうが、理解しやすいかもしれません。そうすれば、たとえば式の計算は「式を簡単な形に直す」のが目的なのに対して、方程式は「xの値（解）を求める」のが目的だ、というちがいが見えてきたりするわけです。

ステージをクリアしてアイテムをゲットしないと次のステージに進めない

ロダン　単元をもっと細かく分けていけば、自分がどこでつまずいているかがはっきりわかります。たとえば、「因数分解」がわからないと思っていたら、その前段階の「乗法公式」があやしかったり、さらにもっと前の「分配法則」や「正負の数」でつまずいているのかもしれません。できないところが特定できれば、できるまで同じところをくり返し復習すればいいだけです。

ミナト　できてないのに授業はどんどん進んでしまうから、数学がキライになっちゃうんだよね。ゲームなら、このステージを攻略しないと次に行けないとわかってるから、みんな必死でクリアしようとするのに。

ロダン　そうなんです！　とくに数学は積み上げ式の学問だから、各ステージをクリアして新しいアイテム（武器）をゲットしないと、次のステージの問題には取り組めないんです。

ミナト　ゲームと同じだ！

ロダン　「マイナスとマイナスをかけるとプラスになる」「同類項はまとめる」「分配法則で開く」「乗法公式①②③を使って展開する」というのは全部「因数分解」のステージをクリアするためのアイテムであって、どれか1つでも欠けていると、「因数分解」は攻略できない。そして、「1次方程式」と「因数分解」のアイテムをゲットしていなければ、「2次方程式」というラスボスを攻略できない。だから、まだゲットできていないアイテムがあったら、そこまで戻って、そのステージを着実にクリアしなきゃいけないんです。

細分化すれば、大勢の人が協力して大きな仕事を成し遂げることも

ロダン　各単元を細かく細かく分けて勉強することのメリットは、まだゲットできていない武器が何かがわかることだけではありません。範囲を限定すればするほど、そこで学ぶ内容がシンプルになって、理解するときのハードルが下がるんです。そのステージで覚えるべきことが「このときはこうする」というたった1つのルールだったら、覚えるのはそんなにむずかしくないですよね？

ナギサ　そこまで単純化されたら、ついていけそう！

ロダン　そのままではどこから手をつけていいのかわからないような「大きな問題」も、スモールステップ（小さな一歩）に分けると、一歩一歩は簡単になるから、成功の確率はグ

ンと上がります。最初から失敗ばかり続くと、だれでもイヤになっちゃうけど、たとえ小さくても成功すればうれしいし、一歩一歩は単純だから、気分よくどんどんクリアしていけるんです。

ミナト そして、気づいたときには、最初の「大きな問題」も見事クリア！

ロダン それがねらいです。細かく分けることを**細分化**と言って、細分化は「成績を上げたい」「志望校に受かりたい」といった、どこから手をつけていいか、すぐにはわからないような「大きな問題」に取り組むときの常套《じょうとう》手段です。細分化すれば、1個1個は単純なタスク（作業）になるから、クリアするためのハードルも下がります。小さな成功体験を積み重ねて、結果的に目標を達成するわけです。

ナギサ スモールステップに分ける。覚えておきます。

ロダン 細分化すると、もっとずっと大きな問題に取り組むこともできます。細分化したタスクをいろんな人にわりあてれば、分業体制のできあがりです。会社はいろんな人たちが分業して、力を結集することで、社会に影響《えいきょう》をあたえるような大きな仕事をしているのです。

さ　細分化

大きなかたまりを小さなブロックに分けることは、さまざまな分野でおこなわれている。インターネットはデータのかたまりをごく小さなパケットに分割して通信回線で運び、目的地で元の形に戻す「パケット通信」によって、大量のデータを送受信できるようになった。デジタル写真も小さなドットの集まりだからインターネットで送受信できる（アナログのフィルム写真のままでは郵便で送るしかない）。スマホや自動車も分解すれば、さまざまなモジュールの寄せ集めでできている。会社の年度目標も部門別、月別の目標に細分化され、最終的には社員1人ひとりのタスクに落とし込まれる。

1人ひとりに合わせた教育でみんなハッピー

ロダン 話をもどすと、全員一律の授業というのは、できる子にとっては「もうそんなこと知ってるよ」というわけでつまらないし、できない子にとっても「何をしてるかわからない」からつまらない。つまり、一見平等に見えて、じつは、できる子とできない子のどちらのやる気も失わせるシステムなんです。

ミナト なんでそんなことになってしまったの？

ロダン それは、最初に言ったように、学校というシステム自体が軍隊や工場と同じだからです。「みんないっしょ」である必要があったから、同じような人を大量に育てる仕組みが導入された。でも、昔からそうだったわけじゃないんです。

ナギサ そうなんですか？

ロダン 昔の職人が弟子に仕事を教えるときや、農家が子どもたちに農作業のやり方を教えるときは、どうだったと思う？　当然、1人ひとりの性格や向き不向き、覚えの早さなんかに応じて、仕事の技を伝授していったわけでしょ？　同い年の子が並んで机に座って同じ本を読むなんて、そんなやり方はしてなかったはずです。

ナギサ たしかに。

ロダン　つまり、近代以前は、個別にカスタマイズされた教育が自然におこなわれていたんです。それが、近代国家になって、大量の工場労働者と大量の軍人を育てる必要が出てきて、いまの学校制度ができあがった。それが現在まで続いているだけなんです。

ミナト　いまの学校が必ずしも正しいわけじゃないと。

ロダン　コロナでリモート授業の必要が出てきて、生徒全員が同じ教室に集まって同じ授業を受けなきゃいけないという従来の決まりが、一時的にしろ、強制的になくなりました。自由にやらせれば、できる子はどんどん先に進んでいっちゃうし、できない子はずっと同じところにとどまったままです。一回でもそういうことがあると、じゃあ、どうするのがいいのか、という議論が起こります。

ナギサ　ほかに、もっといいやり方があるかも。

ロダン　1人ひとりの生徒の学習スピードに合わせた教育は、1人の先生では面倒《めんどう》を見きれないかもしれないけど、テクノロジーを使えば、もっと柔《じゅう》軟《なん》に対応できるはずです。生徒がタブレットに解答し、その採点データを**AI**《エーアイ》が自動で集計して、1人ひとりの生徒のレベルに合った教材を提供する。多くの選択肢《せんたくし》の中から最適な組み合

え　AI

Artificial Intelligenceの略で「人工知能」と訳される。知能といっても人間の命令に従って動くプログラムにすぎないため、当初は大量の情報を（人間の処理速度をはるかに超えて）高速処理することを得意としていたが、みずから学習し、新しいものを次々と生み出す生成AIの登場で、AIは明らかに次の段階に突入した。ちょっとしたヒントを与えるだけで新しい画像や音楽をつくるAI、人間よりも有能なアシスタントとなりうる対話型AIが出てきたことで、人間に固有のものとされていたクリエイティブな領域でも、AIが人間を凌駕する場面がふえると予想されている。

わせを見つけるマッチングは、ＡＩの得意分野です。

ミナト 塾にできて、学校にできない、なんてことはないはずですね。

ロダン 時間の配分のしかたもカリキュラムの自由度も、従来の学校とはかなりちがった学校もできています。従来の学校のあり方に疑問をもっている人や、興味をもった人は、インターネットで調べてみるといいと思う。単なる学力向上にとどまらず、さまざまな分野で新しい才能を発掘《はっくつ》しようと力を入れているから、とくに、プログラミングやクリエイティブな分野で活躍《かつやく》したい人なら、いいきっかけになるかもしれません。

スクールカーストは学校だけの話じゃない？

ロダン 学校といえば、避けて通れないのが**スクールカースト**の問題です。みんな不満に思ってるのに、なぜこんなことがまかり通っているのか、考えてみましょう。

す スクールカースト

カーストはもともとヒンドゥー教の身分制度のこと。転じて、日本の学校内の序列を表す言葉。メジャーな1軍（上位1～2割）とマイナーな3軍（下位1～2割）、そのどちらでもない中間の2軍（残りの6～8割）に分けられ、1軍の取り巻きを1.5軍と呼ぶこともある。人数的には2軍が最も多いが、積極的に発言する人は少ないため、コミュ力が高い1軍の生徒によってクラス行事や雰囲気が決まりがち。一度序列が決まるとカースト間の移動はむずかしいので、クラス替えや転校や進学をきっかけに1軍入り、2軍入りを目指すという手もある。

第10の質問
スクールカーストってなんなの!? 同い年なのに、なんで下に見られなきゃいけないの？

ナギサ 自分たちで勝手に序列をつけて、「だれとだれが1軍で」とか、「2軍よりちょっと上だから1・5軍ね」とか、バカみたい！

ミナト 声の大きいリア充《じゅう》のやつらがクラスで大きな顔して、オタクやコミュ障、ガリ勉クンは、目立たないようにはじっこにかくれてる。カーストなんか関係ないっていう人が大半なのに、そういう人はなぜか2軍あつかいなんだよね。

ロダン スクールカーストって理不尽《りふじん》だよね。頭にくるのもよくわかります。だけど、残念ながら、大学にだって会社にだってカーストはあるんです。大人になったら、上から目線のいじめや**マウンティング**がなくなるなんてことはなくて、大人のほうが知恵《ちえ》が働く分、いじめも仲間はずれも足の引っ張り合いも、もっと陰湿《いんしつ》でジメジメしてます。

ナギサ ……。

ロダン　ぼくは昔、国の役所にいたんだけど、中央官庁でも意地悪はありましたよ。大学も、大学院の後期課程（博士課程）まで行くと、**少ないポスト**をめぐっておたがいがライバルになるから、みにくい足の引っ張り合いが横行して、だれが味方でだれが敵か、つねに注意してないと、すぐに足元をすくわれます。

ナギサ　え〜、なんか、ひどいですね。

「働かないアリ」はどこの世界にもいる

ロダン　人間は群れないと生きていけない生き物だけど、群れの中には序列があり、**派閥**《はばつ》があって、派閥同士の争いがある。大人になっても会社の中でハブられて居場所がなくなり、退職に追いこまれる人もいます。もちろん程

ま　マウンティング

自分のほうが上だと言葉や態度で相手にわからせること。霊長類にも見られ、序列が決まればオス同士がむやみに殺し合わなくてもすむというメリットもあるが、人間の場合、体力的な格差にとどまらず、学歴や職歴、年収、昇進のスピード、ルックスやファッションセンスなど、あらゆる格差がマウンティングの材料となる。自分だけではなく、恋人や配偶者の見た目や年収、わが子の成績や進学先なども対象になるため、やりすぎると友人関係にひびが入ることもあるので要注意。

す　少ないポスト

欧米で一般に高学歴というと大学院の修士（マスター）や博士（ドクター）を指し、国の中枢を担うエリートが大学を卒業しただけの学士であることはまれだが、なぜか日本では東大卒が高学歴とされ、大学院を修了した優秀な人材を活かしきれていない。なかでも博士課程修了後、大学や研究機関で正式な職を得るまでのポストドクター（ポスドク）の就職難は深刻で、改善待ったなしの状況だ。

度の差はあって、たまにイヤミを言われるくらいで、たいしたいじめがない職場もあるけれど、そういうことがまったくないクリーンな集団なんて、見たことがありません。

ミナト 子どもといっしょじゃん！

ロダン 世の中の大人は「いじめるな」ってエラそうに言うけれど、大人だって毎日、いじめるかいじめられるか、という世界で生きています。だから、スクールカーストなんて、目じゃないんです。学校は社会の縮図です。だったら、いまのうちに慣れておいたほうがいいかもしれない。

ナギサ 目の前が真っ暗って人も出てきそう……。

ロダン 気持ちはわかるけど、どうせ社会に出てもさけられないことなんだから、いつ経験するかだけのちがいなんです。むしろ、子どものときに経験しないまま大きくなってしまって、社会人になってからいきなり強烈《きょうれつ》な序列《じょれつ》社会に身をおくほうがキツイかもしれません。

ミナト クラスの輪に入れない人は、あきらめるしかないってこと？？？

ロダン そんなことはありません。人間の集団はもともと、一定の割合で必ず「変わり者」がまじるようにできているんです。群

は　派閥

趣味や意見が似た人の集まりで、いっしょに行動して自分たちのテリトリーを拡大しようとする。仲間内にはやさしいが、外部の人には排他的な面があり、テリトリーがぶつかる別のグループとは敵対しがち。人が3人集まれば2人対1人に分かれて派閥ができる、といわれる。

れ全体が同質化してしまうと、何か問題が起きたときに全滅《ぜんめつ》しちゃう危険があるからです。**ハーメルンの笛吹《ふえふ》き男**についていったネズミは川でおぼれて全滅したけど、もし、みんなについていかない「はぐれネズミ」や「ひねくれネズミ」がいたら、全滅はまぬがれたはずです。群れに同化できない「はぐれもの」や「一匹狼《いっぴきおおかみ》」の存在は、群れが生き延びるための希望の星でもあるんです。

ナギサ　クラスから浮いていることにも意味がある？

ロダン　そうです。もしあなたが、ほかのクラスメイトとうまくつきあえないとしても、それは、群れを全滅させないために人類が進化してきた結果だから、全然気にする必要はありません。しかも、いまのクラスでたまたま自分が損な役割を引き受けているからって、別のクラス、別の学校にいけば、まったく別の役割を担う可能性があるわけで、なおさら気にする必要はないんです。「**働かないアリ**」の話って、聞

は　ハーメルンの笛吹き男

町に大量発生したネズミを退治してくれたらお礼するというので、男は笛を吹いてネズミの群れを川まで連れていって全滅させたが、町の人たちは約束を守らなかった。怒った男は、大人たちが教会に出かけているあいだに笛を吹いて130人の子どもたちを連れて姿を消し、二度と戻ってこなかった。1284年にドイツの町ハーメルンで実際に起きた出来事だとされるが、子どもたちがなぜ、どこへ消えたのかについてはよくわかっていない。

は　働かないアリ

働かないアリが一定数いるのはなぜか。全員が同じタイミングで一生懸命働くと、同じタイミングで疲れてしまい、結果的に生産性（集めてくるエサの量など）が落ちてしまうし、外敵に襲われたときに動けるアリがいなくなってしまう。社会性昆虫の生態に興味がある人は、進化生物学者・長谷川英祐のベストセラー『働かないアリに意義がある』（メディアファクトリー）を読んでみよう。

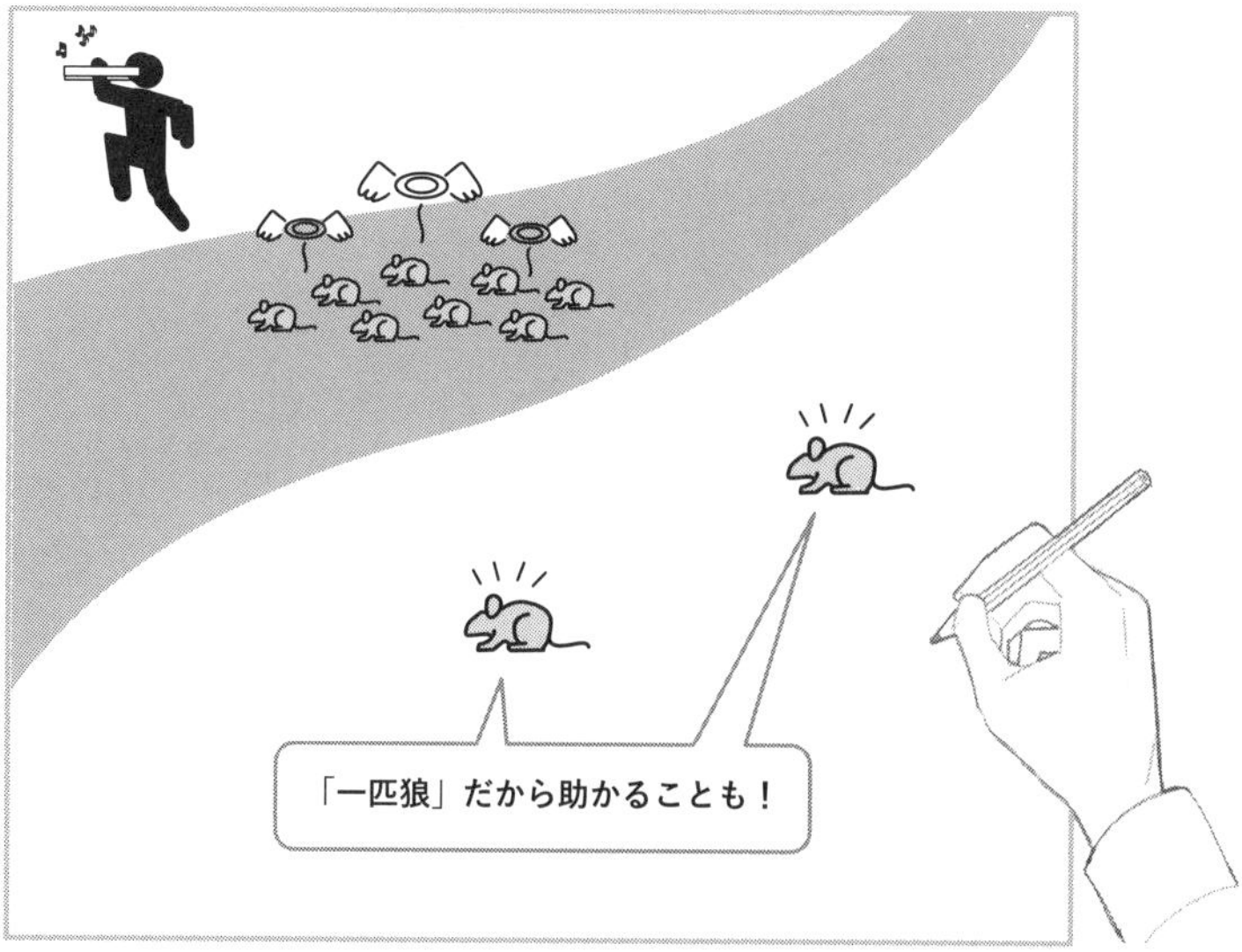
「一匹狼」だから助かることも！

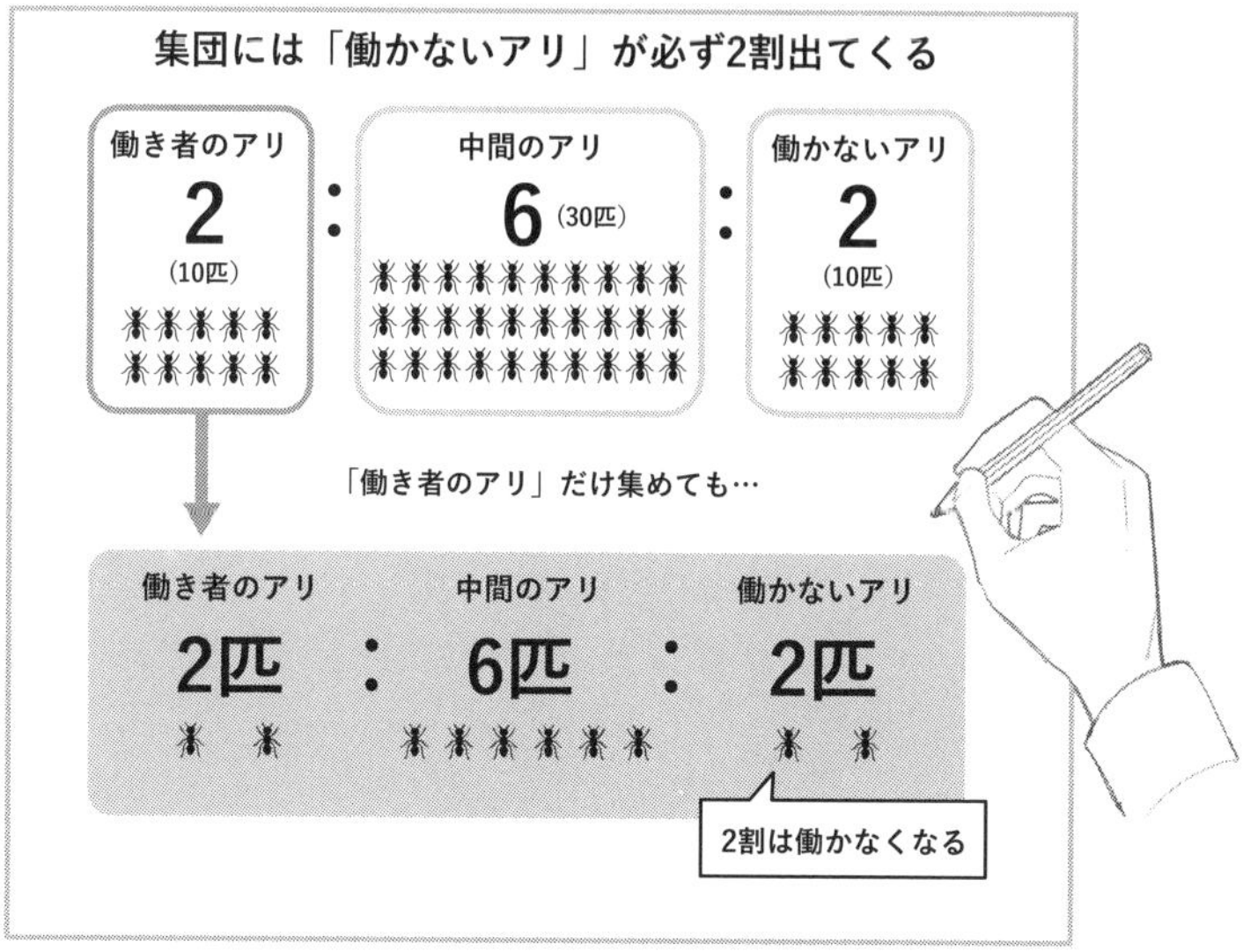
集団には「働かないアリ」が必ず2割出てくる
働き者のアリ
2
(10匹)
:
中間のアリ
6
(30匹)
:
働かないアリ
2
(10匹)
「働き者のアリ」だけ集めても…
働き者のアリ
2匹
:
中間のアリ
6匹
:
働かないアリ
2匹
2割は働かなくなる

いたことない？

ミナト　働きアリじゃなくて、働かないアリ？？？

ロダン　アリの群れを観察すると、ずっと動き回っている「働き者のアリ」と、ずっとサボっている「働かないアリ」と、適当に働いて適当にサボる「中間のアリ」がいて、その割合が「2：6：2」になることがわかっています。

ナギサ　スクールカーストの1軍、2軍、3軍みたい！

ロダン　おもしろいのは、上位2割の「働き者のアリ」を取り除いても、残りの8割の中から一生懸命働くアリが出てきて、やっぱり「2：6：2」の割合になるし、下位2割の「働かないアリ」を取り除いても、残りの8割の中からサボるアリが出てきて、「2：6：2」の割合になる。なんなら「働き者のアリ」だけ集めても、「働かないアリ」だけ集めても、同じように「2：6：2」の割合になるんです。

ナギサ　へえ～！　おもしろい！

ロダン　1軍、2軍、3軍という呼び名がいいかどうかは別として、集団というのはそもそも「2：6：2」に分かれるようにできているんです。大事なのは、同じアリが「働き者」になるときもあれば、「働かないアリ」になるときもある、ということです。そのとき属したグループによって、たまたま1軍になるときもあれば、2軍になるときも、3軍になるときもある。いまのクラスでたまたま浮いてしまったからといって、クヨクヨ悩むことはないし、まして絶望する必要なんて全然ないんです。

ミナト クラス替えまでガマンガマン。

「いなくていい人」なんていない

ロダン この「２：６：２」という割合は、「デキる社員：ふつうの社員：サボる社員＝２：６：２」のように、さまざまな形で出てきます。とくにビジネスの世界では、上位２割と残りの８割に分けて、図２－２のような経験則が成り立つことが知られていて、これを**パレートの法則**と呼んでいます。

ナギサ 全員が平等に、まんべんなく売り上げているわけじゃなくて、結果に影響《えいきょう》するのはごく一部なんですね。

ロダン かたよりがあるからといって、上位２割の社員や商品だけに絞ればいいかというと、必ずしもそうは言えないところがおもしろいんです。たとえば、上位２割のデキる社員が成果をあげられるのは、それ以外の人たちのサポートがあるからだし、売れ筋商品だけ並んでいる売り場って、実はあんまり魅《み》力《りょく》的じゃなかったりするでしょ？

> **ぱ　パレートの法則**
>
> 「2:8（ニッパチ）の法則」「80:20の法則」ともいう。会社やコミュニティなどの集団が生み出す成果の大半は、その中の一部の人によってもたらされるという経験則。厳密なルールではないため、割合はつねに揺れ動くが、さまざまな集団やシステムで観察される現象だ。

［図2-2］世の中は「上位の2割」が「残りの８割」に分ける「パレートの法則」で成り立っている

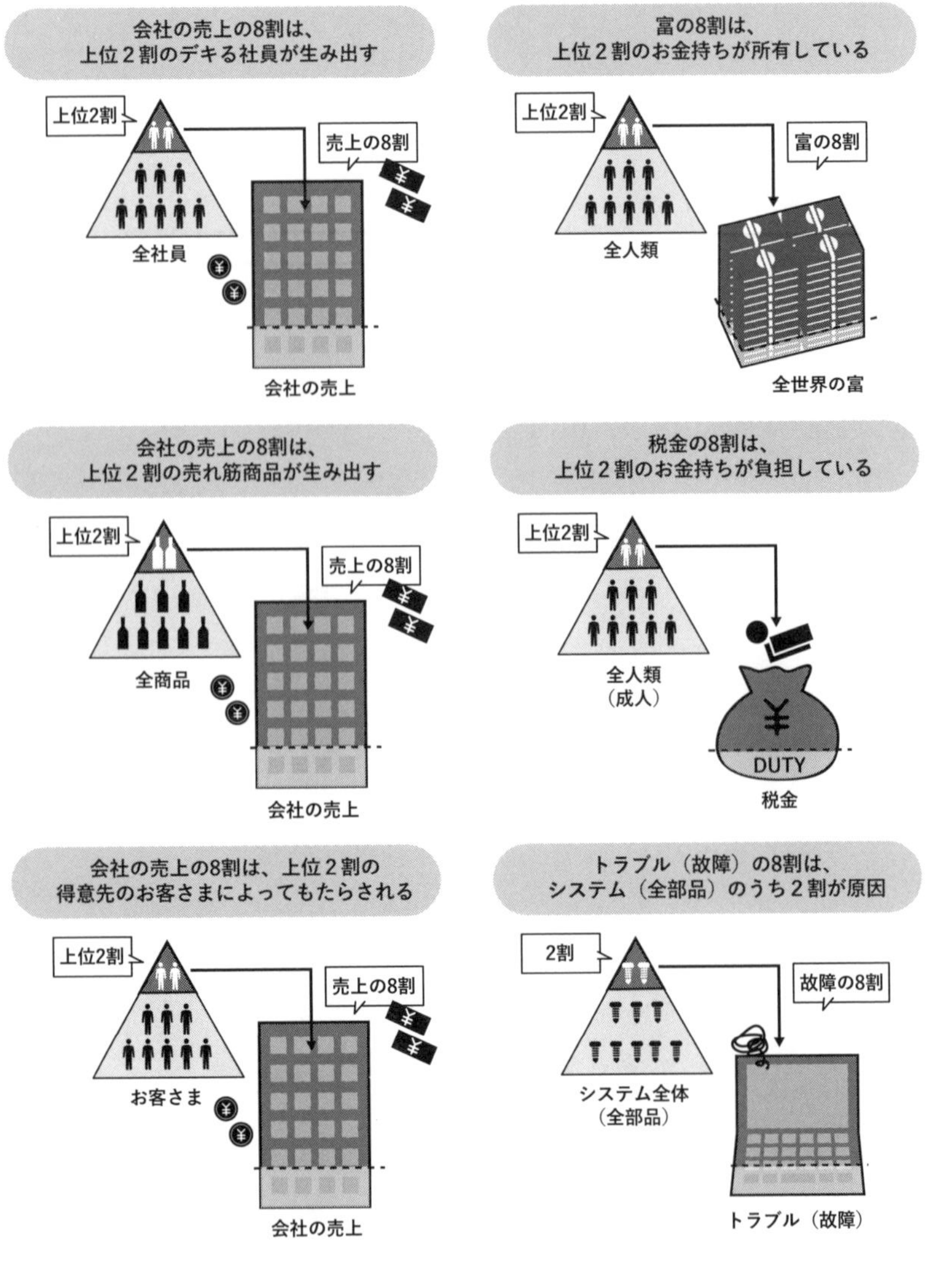

ナギサ わかります！　あれこれ選べるから買いたくなるんですよね！

ロダン それに、働かないアリと同じで、ふだんはあんまり仕事をしているように見えない人が、いざというときに役に立つというのは実際よくあることなんです。目の前の仕事に全力で取り組んでいる「デキる人たち」は、会社の売上を支える大事な存在だけど、何か突発《とっぱつ》的な問題が発生したときに、その人たちはいそがしくて手が回らないから、別の人たちに出番が回ってくるんです。いざというときのためのゆとり——別の言葉で**バッファ**と言います——がない集団は、たった1つの想定外の出来事で崩壊《ほうかい》してしまうリスクがあります。

ミナト 1軍には1軍の、3軍には3軍の役割があるんだね。いなくていい人なんて、ホントはいないんだ！

ロダン 災害大国・日本にいると、バッファの重要性は実感できるはずです。電気やガス、水道などの**ライフライン**が平和なときに使えるのは当たり前で、緊急時にどれだけ通じるか、一時的にこわれたとし

ば　バッファ

いざというときに備えてあらかじめ確保しておくゆとりのこと。ふだんは使わないので一見ムダに見えるかもしれないが、効率を追求しすぎて完全にムダをなくしてしまうと、地震などの災害や紛争などの非常事態が発生したときに、人手やリソース（使える資源）が足りなくなって困ったことになる。敵対する2国が直接国境を接していると危ないので、あいだに緩衝地帯（バッファ）を設けるように、一見ムダに見えることが世の中を動かすうえで重要なことはよくある。

ら　ライフライン

電気、ガス、上下水道、電話、インターネット通信など、日常生活を送るのに欠かせないインフラ（→●ページ）のことで、災害発生時には文字通り「命綱（ライフライン）」となる。

ても、どれだけ早く復旧できるかで、被災《ひさい》地の状況《じょうきょう》は大きく変わってきます。遊びの余地がないギリギリの状態で組まれたシステムは、**平時**《へいじ》には問題にならないけど、**有事**《ゆうじ》になると意外にもろい。人も同じで、遊んでいる人がいるから組織は安泰《あんたい》なんだとも言えるわけです。

ナギサ だから、スクールカーストはなくならないんですね？

ロダン 目的をもった人間の群れには必ず階層（**ヒエラルキー**）があって、リーダーとそれをサポートする人たち、いざというときのためのバックアップ要員という役割分担があることは知っておいたほうがいいと思う。

ナギサ つまり、階層に分かれているから問題なのではなくて、階層が固定されて移動できないことが問題だということですね。

ロダン そうです。どうやって階層間を移動すればいいのかについては、次のところであらためて考えてみましょう。

へ 平時と有事

とくに大きな事件もなく、この状態がずっと続くだろうと予想できるときを「平時」といい、災害や戦争などが発生して、明日何が起きるか予測がつきにくいことを「有事」という。平時と有事では物事の優先順位がガラリと変わるため、平時にはみんなの話をよく聞く調整型のリーダー、有事には即断即決でみんなを引っ張るリーダーが向くとされていて、それが真逆になると、平時に独裁者が生まれたり、有事への対応が遅れて壊滅的な被害を受けたりする。

ひ ヒエラルキー

ピラミッド型組織における階層のことで、上に行くほど人数が少なく、下に行くほど人数が多くなる。スクールカーストと似たような意味でも使われるが、あちらは「2:6:2」の割合に分かれるケースが多く、下に行くほど人数が増えるピラミッド構造とは異なる。ヒエラルキーの表記はドイツ語が由来で、英語読みは「ハイアラーキ」に近いので要注意。

次のテーマはズバリ、いじめです。

第11の質問

いじめがあっても見て見ぬフリをする大人は許せない！

ミナト いじめがあることに気づいてるはずなのに、その話をしたがらない人っている！

ナギサ なかったことにしたいのは、なぜですか？

ロダン 面倒に巻き込まれたくないという気持ちが働くのかもしれないけど、大人が介入しないと、どんどんエスカレートして、取り返しがつかないことになりかねない。先生たちにはがんばってほしいところだけど、いじめだと認知された件数はふえてきているから、以前より状況はよくなっているんじゃないかな（図２－３）。

大きくなるほど、いじめは減る？　それとも気づかれなくなる？

いじめの認知件数の推移

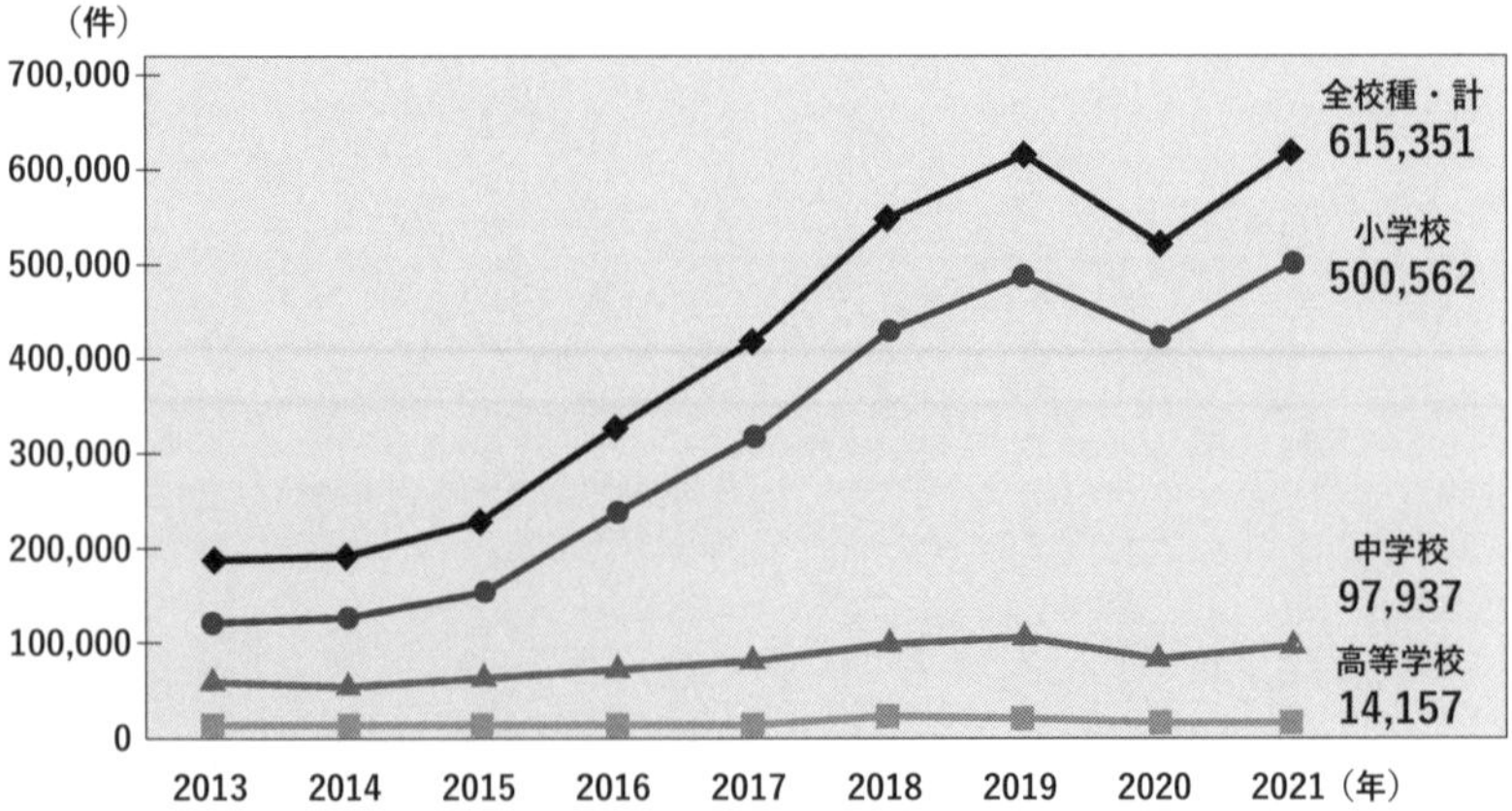

出典：文部科学省「令和3年度 児童生徒の問題行動・不登校等生徒指導上の諸課題に関する調査結果の概要」

学年別・いじめの認知件数

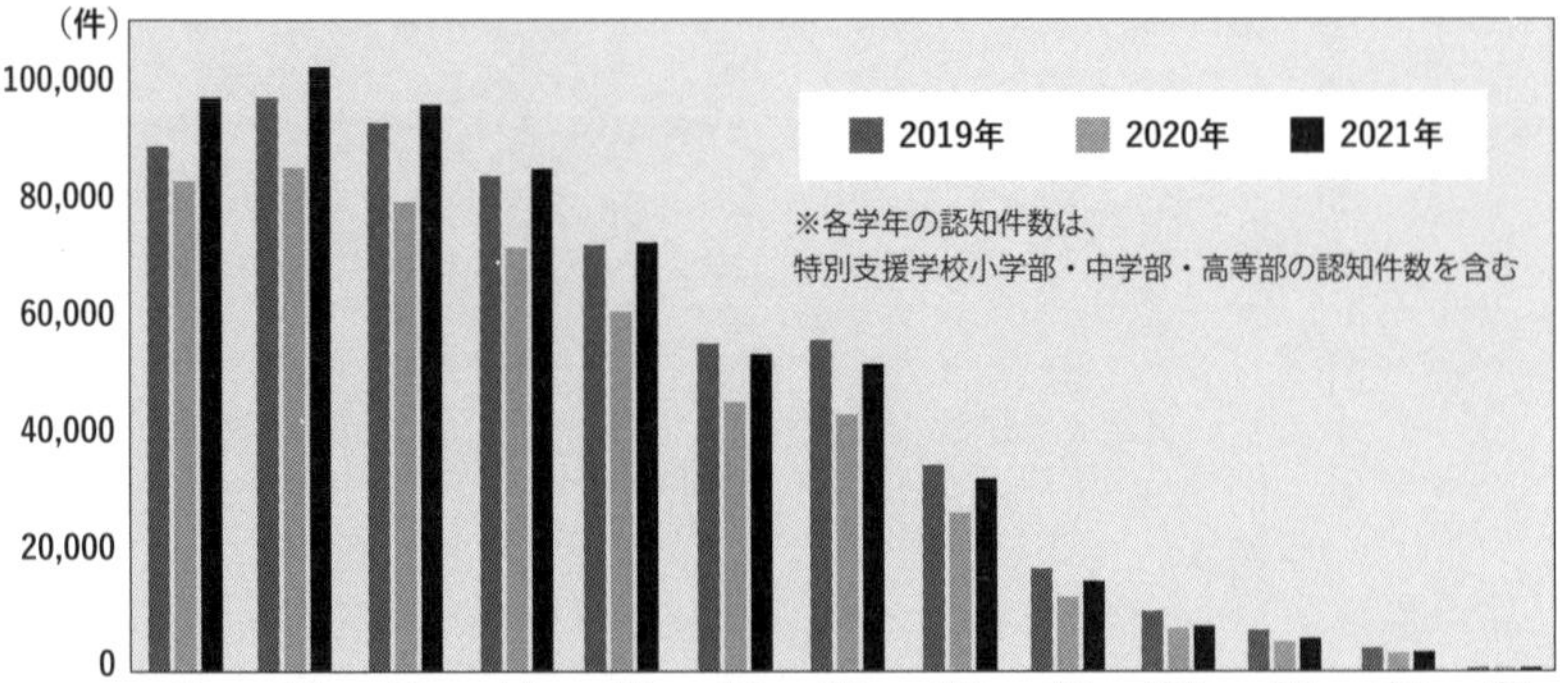

	小1	小2	小3	小4	小5	小6	中1	中2	中3	高1	高2	高3	高4
2019年	87,759	96,416	91,981	82,883	71,255	54,767	55,405	34,352	17,341	9,996	6,655	3,633	53
2020年	81,787	84,354	78,629	71,385	59,901	45,240	42,999	25,987	12,397	6,887	4,814	2,732	51
2021年	96,142	100,976	94,781	84,125	71,991	53,016	51,293	32,190	15,041	7,418	5,238	3,062	78

出典：文部科学省『令和3年度 児童生徒の問題行動・不登校等生徒指導上の諸課題に関する調査結果の概要』

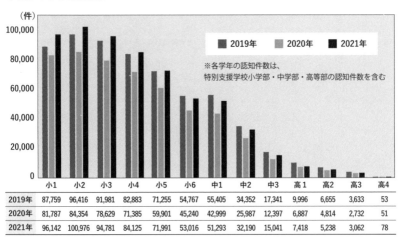

「排除の論理」がいじめを生む

ナギサ　ところで、なんでいじめはなくならないんですか？

ロダン　さっき「人間が群れると序列ができる」と言ったけど、序列ができたからといって「上位層が下位層をいじめていい」ということにならないのは当然です。だって、下位層には下位層の、立派な役目があるんだから。じゃあ、なんでいじめが起きるかというと、群れをつくる人間には、最初から特定の人たちを排除《はいじょ》するという考えがしみついているからです。

ミナト　どういうこと？

ロダン　群れをつくるには、群れの「中」と「外」を区別する必要があるでしょ。群れの中にいる人は仲間だけど、見知らぬ人やよそ者は排除する。自分たちとは異なる言葉を話す人、別のところから来た人を排除するのは、共同体を守るための原初的な行動です。自分たちとちょっとちがうタイプを仲間はずれにしたり、いじめたりしたくなるのは、ある意味、人間の自然な行動とも言えるわけです。

ナギサ　誰かをいじめるのは人間にもとから備わった行動ってことですか？

ロダン　見知らぬ人をこわがる気持ちは、だれにでもあります。それが、自分たちとはちがう人、仲間じゃない人に対する差別につながるんです。そうした差別は、ごく自然な感情なだけに、完全になくすことはむずかしい。**ウンベルト・エーコ**はそれを「**野蛮な**《やばん》**不寛容**《ふかんよう》」と呼んで、小さいときから徹底的に教育しなければ、それをやめさせることはできないと言っています。

ミナト　だから教育が必要だと。

ロダン　そのとおりです。「出身や見た目がちがうからといって差別はダメ」「みんなと意見がちがうからといって排除したらダメ」「弱いものいじめはダメ」といったことは、何度もくり返しインプットしておかないと、すぐに忘れてしまうのが人間です。その教育をおこたると、学校や職場でのいじめはいつまでもなくならないし、もっと広い意味で、外国人や貧困家庭、障害者、性的マイノリティなど、弱い立場にいる人たちに対する偏見や差別はなくなりません。

ナギサ　だれかを排除しないと維持《いじ》

う　ウンベルト・エーコ

現代イタリアを代表する知識人で、小説やエッセイ、記号論に関する学術書を数多く残した。小説デビュー作『薔薇《ばら》の名前』は中世イタリアの修道院を舞台にした謎解きミステリで、全世界で5500万部以上のベストセラーになった。『プラハの墓地』はユダヤ人差別の元凶となった偽造文書「シオン議定書」をつくった人物の回想録の形をとった小説。本人だけが架空の人物で、それ以外は全員実在の人物という設定が話題を集めた。

や　野蛮な不寛容

排除の論理は、人間の素朴な感情に由来するだけに「それはダメだ。まちがってる」といくら言っても通用しないこともある。人種差別や異教徒の排除、魔女狩り、反ユダヤ主義、移民排斥が歴史上何度もくり返されてきたのは、そのためだ。この議論に興味がある人は、ウンベルト・エーコ『永遠のファシズム』（岩波現代文庫）所収の「移住、寛容そして耐えがたいもの」を参照のこと。

ロダン　できないような社会を許容してしまうと、いつ自分が排除される側に回るかわからないし、もしそうなってしまったら、きっと後悔《こうかい》すると思います。自分はなんであんなことを許してしまってたんだろうって。

親が突然《とつぜん》失業したり、事故や病気で死んでしまったりして、いつ貧しくなるかはだれにもわからないし、自分が病気やケガで障害を負ってしまうことだって、絶対ないとは言えません。だれだって弱い立場になる可能性があるわけで、「弱いやつはいじめていい」「少数派なんて無視していい」などと言ってると、いつかブーメランになって自分に返ってくるかもしれないんです。

ミナト　自分がされたくないことは他人にしてはいけないって親に言われた。

ロダン　そういうことです。でも、人間はすぐに調子に乗ってしまうから、ことあるごとに、それを思い出して忘れないことが必要なんです。

同調圧力はどこの国でもある

ロダン　さっき働かないアリの話をしたけれど、どんな集団にも一風変わった「変わり者」はいるわけです。みんながこっちに行こうとしているのに、1人だけ全然別のことをしているから、いじめの対象になりがちなんだけど、「みんなと同じにしなきゃダメ」

という**同調圧力**は、意見のちがいや多様性を認めない不寛容な態度そのもので、教育によってくり返し直していかなければいけないものです。

ナギサ　日本って同調圧力がキツイって言いますよね。みんなと同じにしなきゃというプレッシャーって息苦しいです。みんなちがっていいはずなのに。

ロダン　だけど、同調圧力なんてどの国にもあります。アメリカの学園ドラマとかを見ると、周囲からちょっとういた人とか、オタクっぽい人に対するいじめは日本よりえげつなくて、足をひっかけて転ばせたり、飲み物をかけたりするケースも多いみたいだから、アメリカ人もたいへんだな、と思います。

ミナト　いじめかたがハンパないんだよね。

ロダン　欧米はカップル文化だから、週末にいっしょに食事に行くパートナー（配偶《はいぐう》者や恋人）がいないと爪弾《つまはじ》きにされます。パートナーは異性でも同性でもいいんだけど、パートナーがいない「おひとりさま」にはきびしい環境《かんきょう》です。ロシアでは女性1人でレストランに座っていることなんてまずないし、そういう女性がいると、男を客にとる商売をしている女性と見られてしまう現実がありました。

ナギサ　ダンスパーティーに誘う、誘われるということが一大イ

ど　同調圧力

同じ集団内の多数派から少数派に対して、「みんなと同じ意見（や態度や服装）にしろ」とプレッシャーをかけること。排除の論理と表裏一体で、少数派に対するいじめや差別につながりやすい。「日本人の長所は集団の和を尊ぶことだ」と強調しすぎると、簡単に「集団の和を乱す人間は排除すべきだ」という排除の論理にすり変わってしまうので要注意。

ベントだというのは、映画の『ハリー・ポッター』を見て知りました。もし誘われなかったらどうしようっていうのも、カップル文化の同調圧力ですよね。

ロダン　圧力の種類は国や文化によってちがうけど、「みんなと同じにしろ」という同調圧力は、多かれ少なかれ、どこにでもあるということです。

頼れる相手、逃げられる場所を用意する

ロダン　スクールカーストも同調圧力もどうせなくならないから、できるだけ早くなれておいたほうがいい。それはそうなんだけど、どうしてもそれに耐《た》えられないときは、どうすればいいと思いますか？

ナギサ　親に相談する？

ロダン　相談できる人は、もちろん、そうするのがいいですね。学校というせまい空間、同い年の生徒だけで構成された閉じたグループの中で解決できない問題があれば、親や教師という第三者の目を入れることが重要です。親子関係がこじれたときに、別の大人に相談する

は　ハリー・ポッター

イギリスの魔法使いの少年ハリー・ポッターの出生の秘密と逃れられない過酷な運命を描いたファンタジー作品。J.K.ローリング原作の『ハリー・ポッター』シリーズ全7巻は全世界で5億冊を超える大ベストセラーに。ダンスパーティーのシーンが出てくるのは、三大魔法学校対抗試合がおこなわれた第4作『ハリー・ポッターと炎のゴブレット』。意地っぱりのロンがハーマイオニーを誘いそびれ、おたがいに傷つけ合うことになってしまう。

と解決の糸口が見つかりやすいのと同じで、友だち関係がこじれたときも、その場にいない第三者が介入《かいにゅう》することで、こじれた関係を解きほぐすことができるかもしれません。

ミナト でも、親や先生に告げ口したのがバレたら、もっといじめられるのでは？

ロダン 不安になる気持ちもわかるけど、自分1人ではどうしようもないから苦しいわけで、だれかに助けを求めることは、決して恥《は》ずかしいことじゃない。だいたい、いじめてる側は集団なのに、いじめられてる側がたった1人でガマンしなきゃいけないと思うこと自体がおかしいでしょ？　向こうが集団でやってくるなら、こっちも借りられる手はだれの手でも借りて、グループで対抗《たいこう》しなきゃ。

ミナト 友だちに相談しても、自分がやられるのがこわくて、みんな見て見ないフリをするんだよね……。

ロダン 子どもだけで解決できないとき、頼《たよ》りになるのは、やっぱり大人の存在です。マンガ『**3月のライオン**』では、中学でいじめにあったクラスメイトのちほちゃんをかばった川本家の次女ひなたまで、いじめのターゲットにされて苦しむんだけど、ひなたが最後までくじけずに自分をつらぬき通すことができたのは、家族の支え

さ **『3月のライオン』**

羽海野チカによるマンガ（白泉社）。両親と妹を交通事故で亡くし、将棋棋士・幸田に引き取られた少年・桐山零。学校でいじめられ、幸田家の姉弟からも激しく拒絶され、居場所を失った零は将棋にのめりこみ、史上5人目の中学生棋士となる。リアル世界で5人目の中学生棋士となった藤井聡太が桐山の設定を軽々と超えた活躍をしたことも話題になった。川本家の3姉妹はだれにも頼れなかった零がはじめて心を開くことができた相手。

があったからでした。

ナギサ 長女のあかりさん、末っ子のモモちゃん、おじいちゃん、それに家族同然のつきあいのある桐山零《きりやまれい》くんがいたから、がんばれたんですよね。ひなちゃんが「後悔なんてしちゃダメだ。私のしたことはぜったいまちがってなんかない！」と絶叫《ぜっきょう》するシーンで号泣しちゃった。

ロダン よくおぼえてるね。ひなたのそのひと言に、ずっといじめられっ子だった桐山も救われるんです。幸いなことに、ひなたには相談できる家族がいたし、強い気持ちでふみとどまることができた。でも、そこまで強くなかったちほちゃんは学校を去り、こわくて人と話せなくなってしまった。

ナギサ 傷ついた心をいやすために、人里はなれた心のケアセンターで、動物たちに囲まれて暮らしてるんですよね。

ロダン 『3月のライオン』には、いじめた側の生徒の親が学校に怒鳴《どな》りこんできて、「うちの子がやったという証拠《しょうこ》を出せ」とせまったり、反省の色を見せないいじめっ子と先生が時間をかけて向き合ったり、見て見ぬふりをしてきたクラスメイトと先生が個別面談をして事実関係をていねいに聞き出したりして、ひなたが疎遠《そえん》になってたクラスメイトと和解するところまで描《えが》かれているから、気になる人は読んでみてください。

不登校も子どもにとっては1つの意思表示

ロダン そして、次に取り上げたいテーマは不登校です。これも以前、ここに来ていた人からの相談です。

第12の質問

自分だって好きで不登校になったんじゃない。学校に行かないからって責めるな！

ロダン 本当にどうしようもなくなったら、逃《に》げたっていいんです。はなれてみれば、それまで自分の世界のすべてだと思いこんでいた学校やクラスが、実は、すごくせまい、かぎられた世界にすぎないことがわかるし、そこでなやんだり苦しんだりしたことも、いつか「なんであんなことで絶望してたのかな。世界はもっと広いのに」と、冷静にふり返ることもできるかもしれません。

ミナト いまいる学校やクラスがすべてじゃないって気づくだけでも大きいかも。

ロダン 人生はいくらでもやり直しが効く。1度や2度、つまずいたくらいであきらめる必要は全然ないし、いまのクラスが合わないなら、クラス替《が》えまで待てばいい。それでもダメなら、いったん人間関係をリセットして、別の学校に転校したり、地元とははなれた学校に進学すればいいんです。

ミナト 高校デビュー、とか言われたりしないかな……。

ロダン そんなくだらないこと、言いたいやつに言わせておけばいいんです。属する集団が変われば、自分の立ち位置が変わるのは当たり前で、あるグループで3軍だったからといって、別のグループでもずっと3軍なんてことはありえません。入試で同じような学力の生徒が集まれば、余計な気をつかう必要がなくなって居心地がよくなる、というのは実際よくあることだし、考え方や好みが似た人がたくさんいれば、親友だってきっと見つかります。

ナギサ クラスメイトのいじめや、教師による体罰や言葉の暴力に耐えられなくなった人は、学校を辞めるのも選択肢《せんたくし》になるわけですね。

ミナト 大人は、いまの会社がイヤなら、勝手に別の会社に転職すればいいかもしれないけど、子どもは自分だけでは決められないよ。

ロダン　大人になっても職場のいじめはなくならないし、**パワハラ**上司もいれば、会社や取引先のえらい人による**セクハラ**だってある。それがイヤなら、自分で転職や独立を決めればいいけど、中高生は親の同意がなければ、転校もできません。だから、親に相談してほしいんだけど、なかには親が無関心で、親身になって話を聞いてくれないこともある。

ナギサ　それ以前に、親になんて言えないって人も多そう……。

ミナト　反抗期のまっただなかだと、親とは口もききたくないって人もいるだろうし。

ロダン　そうなると、できることはかぎられる。でも、あきらめることはありません。学校をサボればいいんです。理由を聞かれたら、「おなかが痛い」「頭が痛い」とか言えばいいでしょう。それが何日か続くと、親から文句を言われるだろうし、担任の先生からも「学校に来るように」と催促《さいそく》されるかもしれない。それでも不登校を続けていれば、さすが

ぱ　パワハラ

職場や仕事上の優位な立場を悪用して、相手に過度な要求をして精神的に追いつめたり、暴力や脅迫、侮辱によって肉体的･精神的苦痛をあたえたり、逆に仕事を取り上げ、職場のほかのメンバーから隔離したりして、相手の人権や尊厳を損なうこと。パワーハラスメントの略語だが、power harassmentは和製英語で、英語では単にharassment(いやがらせ)と表記する。

せ　セクハラ

セクシャルハラスメントの略語で、相手の性別に関係なく行われる「性的いやがらせ」のこと。その気がない相手をしつこく食事に誘う、エロ画像を見せつける、パートナーの有無やスリーサイズを聞く、お茶くみやお酌を強要するなど多岐にわたる。会社にセクハラ認定されると懲罰の対象になるので、やってはいけないケースを学ぶハラスメント防止研修を導入する会社も多い。

に親も気づくはずです。何かおかしい、と。

ナギサ　ウソをつくのはちょっと……。

ロダン　そう思う人は、正直に親に打ち明けてください。学校で何が起きていて、どんなことをされたのか。それが言えない人は、だまっているしかない。学校に行かないことだって、立派な意思表示です。子どもが真剣になやんでいるなら、親の出番です。

親が味方になって動いてくれるまで、1人で抵抗を続けるしかないんです。

そうして不登校を選んだ小中高校生がいま30万人近くいます（図2－4）。

ミナト　ぼくたちと同じ中学生が多いね。

ロダン　地元の中学というのが、いちばん逃げ道がないかもしれません。高校に行け

［図2-4］不登校の数は、小中学校ともに増えている

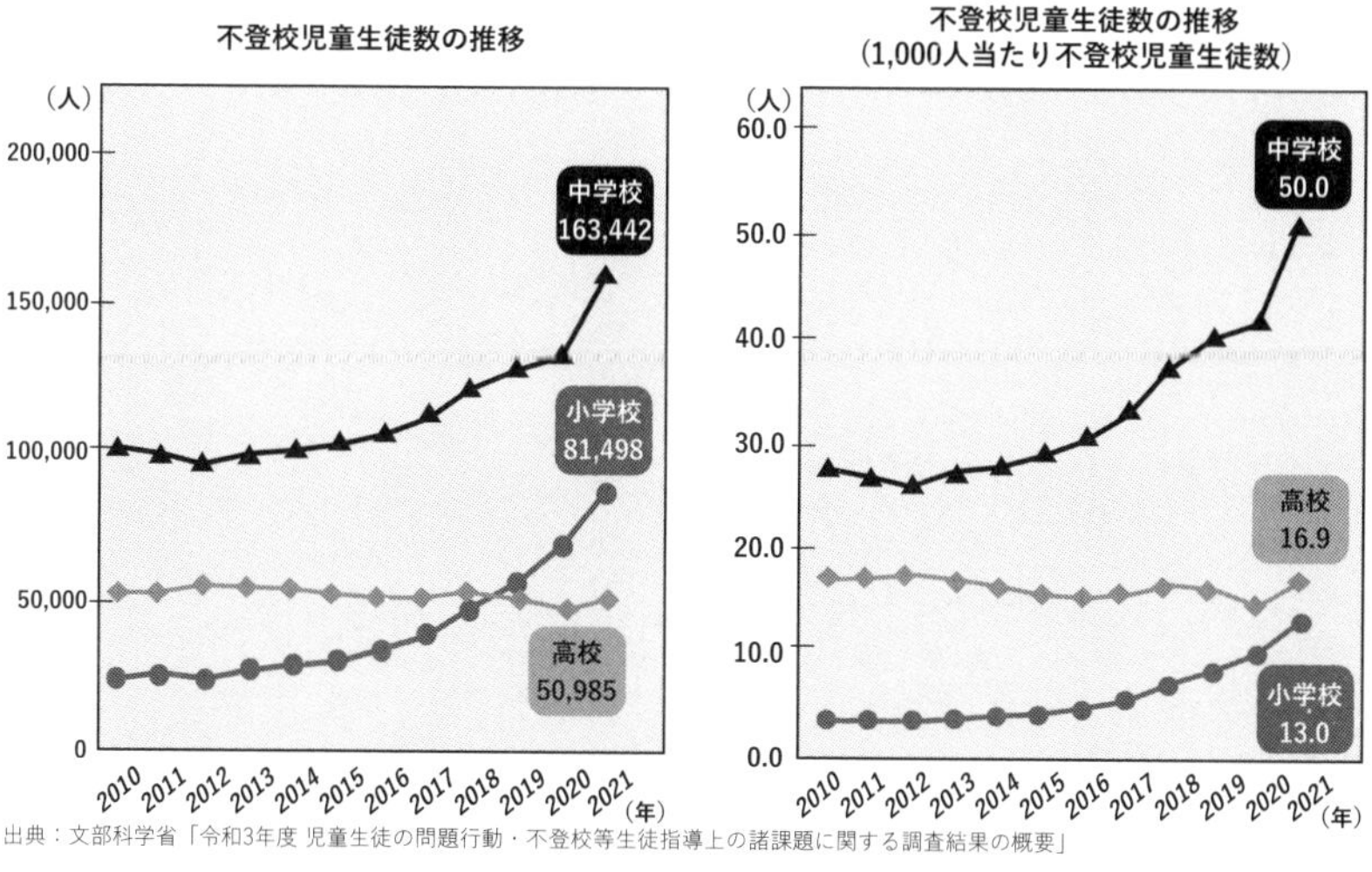

出典：文部科学省「令和3年度 児童生徒の問題行動・不登校等生徒指導上の諸課題に関する調査結果の概要」

ば、ちがう地域から通ってくる生徒もふえるし、学力も同じような生徒が集まるから、ひと息つけるという人も多いかもね。中学生１０００人のうちの50人ということは、40人クラスで約２人、１学年が１００人の学校なら５人が不登校になっている計算です。あなたたちの身近なところにもきっといるはずです。

ナギサ　はい。何人か知っています。

ロダン　それだけ多くの人が結果的に不登校を選んでいるということを、まずは知っておいてください。自分の意志で「行かない」と決めている人もいれば、身体が拒否反応を示して「行くに行けない」人もいるでしょう。でも、なやんでいるのは自分だけじゃないと知ることは、決してムダじゃないと思う。子どもが学校に行かなくなって動揺《どうよう》している親にも教えてあげるといいかもしれません。

ミナト　そんなに異常なことじゃないんだよって。

ロダン　不登校というのは、親や先生に言えない子たちの思想というか、１つの意思表示だと思うんです。言っても聞いてもらえない、味方になってくれる大人がいない子どもに残された最後の手段が不登校となっている可能性があります。だから、親御《おやご》さんは、なぜひ子どもの話に耳を傾けてほしいし、あなたたちも、親や先生が聞く耳をもって話しかけてきたら、少しでもいいから歩み寄ってあげてほしい。

親は選べなくても学校は選べる

ナギサ　不登校になるのはしかたないとして、その後、学校に復帰できないとどうなりますか？

ロダン　長期欠席を続けている子が元の学校に復帰するのをサポートする**教育支援センター**や、必ずしも学校への復帰を前提としない**フリースクール**もあります。コロナで一気に普及したオンライン授業も、いまや世界中に広がっていて、その気になれば、アメリカの大学の大学院レベルの授業でもオンラインで受講できるんです。

ナギサ　選択肢は広がっているんですね。

ロダン　いまいる学校がすべてではないということです。たまたまいま、その学校にいるかもしれないけど、画一的な学校の体制になじめない人もいるし、そもそも地球規模で見れば、学校に通えない子もたく

き　教育支援センター

不登校の小中学生の公的な受け入れ先（無料）で、市区町村の教育委員会が設置する。適応指導教室ともいう。センターへ出席すれば学校への出席日数にカウントされ、定期的にカウンセリングも受けられるが、原則として居住地外のセンターには入れない。私立小中学校の生徒も対象外。元教員の再雇用先でもあるので、学校の「色」が強く、苦手な子には合わないこともある。

ふ　フリースクール

運営主体は民間で、内容も費用も千差万別。学校教育法における「学校」ではないため、運営者やスタッフが教員免許をもたないケースも多い。必ずしも学校への復帰が目的ではなく、不登校児に居場所をあたえるのが目的なので、学校の授業の補習よりも、遊びや課外活動を主体にしたカリキュラムを組むところが多い。居住地から離れたスクールに入ることもできる。情報を集めよう。

さんいるわけです。高校なんか行かなくても、いい大学を出てなくても、プログラミングを自分で学んだりして、短期間でサラリーマンの何倍も稼ぐ人もいます。

ミナト もっと広い目で見ろってことだ。

ロダン だから、生きてさえいればいいんです。たまたまいま、自分が時流に乗れないからって、何もあきらめる必要はないし、悲嘆にくれることもありません。たまたま学校になじめない人がいたとしても、その人たちを見下すのはまちがっているし、あわれむというのもちがう。いろんな人がいて社会は成り立っているし、人の生き方はいい高校、いい大学に入って、いい会社に就職するという、たった1つの基準だけでははかれません。学校というのは、そういうことを教える場所だとぼくは思います。

ナギサ 親の問題もありそうな気がします。

ロダン 子どもが不登校になったとき、学校と話し合いを重ねたり、いろいろ調べたりして、その子に合った環境《かんきょう》を用意できる親もいれば、子どもの話に耳を貸さず、何が何でも学校に行かせようとする親もいるでしょう。あるいは、更生《こうせい》をうたった全寮《ぜんりょう》制のフリースクールに子どもを無理やり入れて、厄介《やっかい》払いしようとする親もいるかもしれない。

ミナト 子どもは親を選べない。まさに**親ガチャ**ですね。

ロダン たしかに親は選べないし、自分で学校を決められない中高生は親の言いなりにならざるをえない部分はあるけれど、子どもを虐待《ぎゃくたい》するような親からは逃げる手もあるという話は、前回しました。それに、もっと長い目で見れば、あなたたちの人生を全部親が決めることなんてありえません。だって、たいてい親のほうが先に死ぬんだから。あきらめずにやっていれば、きっとだれかが見てくれていて、最終的には落ち着くところに落ち着く。楽観的すぎると思うかもしれないけど、あんまり悲観的にならずに、そういうものだと信じておくことも大事じゃないかな。

ナギサ　なんだか救われたような気がします。

ロダン　ただ、1つだけお願いしたいのは、学ぶことをあきらめないでほしい、ということです。学校がすべてではない、というのはそのとおりだけど、逃げてドロップアウトすると、そのあとは一般的なルートから外れた外側を行くことになるわけで、全部自分で道を切り開いていくのは決して簡単じゃない。ほかの人が当然知っているような知識が、すっぽり抜け落ちてしまうこともあります。そういう人は、大人になってから、もっと勉強しておけばよかったと、きっと後悔すると思うんです。

ミナト　「学校をやめる＝勉強もやめる」ではないってことですね。

ロダン　本人に学ぶ気さえあれば、いまはインターネットがあって、い

お　親ガチャ

子どもは親を選べない、むしろハズレの確率が高いことを指すネットスラング。ガチャはもともとスマホゲームによくある「ランダム型アイテム提供方式」のことで、レアアイテムを求めて課金をくり返す「廃課金」勢を生んで社会問題化した。

くらでも学べます。なぜ勉強が必要なのか、学ぶ意義については、今日の最後にあらためて考えてみましょう。でも、その前に、こんなテーマを取り上げてみたいと思います。

第13の質問

先生はできる子ばかり見てる。ひいきしてずるくない?

ナギサ できる子もそうなんだけど、先生に目をかけられるタイプっていますよね。

ミナト その人の意見は先生もよく聞くとか。そういう人はやっぱり目立つし、カーストでいうと1軍が多いんだよね。

ロダン 先生も人間だから、だまっている生徒よりも積極的に発言してくれる生徒の意見に流されやすいのはしかたないんじゃないかな。

ナギサ でも、声が大きい人の意見ばっかり先生が聞くのを見てると、自分のことは見てくれてないのかなって思っちゃいます。

ロダン 学校の先生には面倒見のいい人が多いから、手のかかる子ほどかわいい、できない子ほど時間をかけて教える、という先生もたくさんいるよ。それに、できる子ばかり優遇しているって言うけれど、できる子にとって学校の授業はつまらないんです。前も言ったように、全員が同じ授業を受けるスタイルだと、「そんなことはもう知っているよ」という子にとって、じっと座っていなければいけないその時間は、ムダに感じているかもしれないでしょ？

ミナト 授業中に別の参考書を開いて勉強している人もいるし。

勉強だけエリート教育が認められない不思議

ロダン じつは、英数国社理の主要5教科以外では、英才教育が当たり前におこなわれているんです。たとえば、ピアノやバイオリンなどを習うとき、全員ができるようになるまで待ってから次の段階に行く、なんてことはないでしょ？　できる子はどんどん先に進めるし、できない子はその子に合ったスピードでレッスンする。スポーツも同じで、野球やサッカー、テニス、ゴルフでも、才能のある子は選抜されてより強いチーム、より優秀なコーチについて練習できるようになっています。

ナギサ　ピアノ教室でもバレエ教室でも、上手な子はむずかしい曲に取り組んだり、発表会でもいい役をもらってました。

ロダン　スポーツや芸術分野では、幼いころからエリート選抜《せんばつ》をして、英才教育をほどこすのが当たり前だと世間でも思われているし、実際そうしないと、一流のアスリートやアーティストは育ちません。**中学生棋士《きし》**の活躍が話題になった将棋《しょうぎ》や囲碁《いご》の世界もそうだし、スノーボードやサーフィン、BMX、スポーツクライミングなどの**エクストリームスポーツ**の世界では、10代の天才アスリートたちが当たり前のように世界一の座を競っていますよ。

ナギサ　オリンピックでスノボやボルダリングが好きになりました！

ロダン　あの人たちは、幼いころからそのスポーツの魅力《みりょく》にとりつかれ、特別なトレーニングを積んできたから、いまがある。ところが、話が「勉強」におよぶと、とたんに「英才教育はけしからん」「平等に反する」と反対する人が出てくるんです。なぜだ

ち　中学生棋士

将棋では史上5人目の中学生棋士となった藤井聡太がデビュー後29連勝を飾って大ブームに。数多くの最年少記録を塗り替え、10代のうちに8つのタイトルのうち七冠を達成した。囲碁では10歳でプロ入りして最年少記録を更新した仲邑菫三段が、史上最年少の13歳11か月で女流棋聖のタイトルを獲得して話題になった。

え　エクストリームスポーツ

エンタメ性あふれるスポーツの総称で、人間の限界に挑む離れ業が魅力。Xスポーツともいう。BMXやマウンテンバイク、スケートボード、スノーボード、フリースタイルスキー、クライミング、パラグライダー、スカイダイビング、サーフィン、ダイビング、パルクール（フリーランニング）など多岐にわたる。

と思う？

ミナト 学校だから？？？　エリート選抜は全部学校外の活動みたいだし。

ロダン それもあるかもしれません。国にはみなさんを教育する義務があって、それを提供する場が国公立の小中学校だから、勉強ができないからといって見捨てるわけにはいきません。そうすると、自然とクラスの平均的な学力のちょっと下くらいのレベルに合わせたカリキュラムになって、できるだけ落ちこぼれを生まないような教育が「正しい教育」とみなされるようになるわけです。

ミナト できる子をのばすより、できない子を平均的にできるようにしているんだ。

ロダン そういうふうに考える人が世の中にはたくさんいるってことです。でも、できる子にとっては、学校の授業のスピードはおそすぎて退屈《たいくつ》です。いちばん多感で吸収力も高く、すごいスピードで成長できる年代を、才能あふれる子どもたちが無為《むい》にすごしてしまうことは、本人にとっても不幸だし、社会にとっても大きな損失ではないでしょうか？

ナギサ そんなふうに考えたこともありませんでした。

ロダン 「みんな同じ」教育は一見すると美しいかもしれないけど、それによってとがった才能や個性がならされてしまって、平均的な人しか育たないとしたら、社会の活力は失われてしまう。社会を変えるほどインパクトのある発明や**イノベーション**は、ほかの人たちとはちがった考えをもった「はぐれもの」や「突出した個性の持ち主」が生み出すことが多いので、そういった人をいかに育てるか、日本もそろそろ本気で考えたほうがいいと思います。

得意分野は人それぞれ。1人で全部できる必要はない

ミナト　ほかのジャンルで10代の天才がいっぱい出てきて人気者になってるのに、勉強の天才だけ活躍の場があたえられていないなんて、不公平だ。

ロダン　その子が得意なのがスポーツや芸術やゲームなら、だれも文句は言わないはずです。だったら、たまたま「数学」や「宇宙」や「歴史」や「考えること」が好きな子がいたっていいはずだし、その子の知的好奇心を満足させられるような教育もあっていいはずでしょ？　勉強が得意な子だけが、みんなと同じことをやるように強制されているのは、おかしなことだと思うんです。

ナギサ　アメリカには飛び級システムがあると聞きました。

い　イノベーション

世の中を変えるような新しいアイデアや製品、技術を生み出すこと。すでにあるものを少しずつ改善して性能アップをはかる「持続的イノベーション」と、突然出てきてそれまで普及していた類似の製品やサービスを葬り去る「破壊的イノベーション」に分かれる。インターネットやスマートフォンはそれがなかった時代をもう思い出せないくらい世の中に浸透し、人びとの暮らしを一変させた典型的な「破壊的イノベーション」で、これらの登場で消え去った製品やサービスは数知れない。

ロダン アメリカでは、飛び抜けた才能の持ち主を**ギフテッド**と呼んで、特別な教育が必要だと認めています。飛び級もその1つで、10代で大学や大学院に進学し、20才前後で博士号を取得してしまう破格の天才も、実際にいます。たとえば、理論物理学者の**スティーヴン・ホーキング**は17才でオックスフォード大学に入学し、20才で大学院に進学しているよ。

ミナト 『ホーキング、宇宙を語る』のホーキング博士だ！

ロダン 横並びが好きな日本ではあまり歓迎されないかもしれないけど、特定のジャンルで突出した才能をもつ子をのばすための教育は、「できないこと」をなるべくなくして、だいたい人並みにこなせるようにする日本的な教育とは、かなりちがうんです。

ナギサ わかった！　加点方式と減点方式ですね。

ロダン そうです！　「できること」に集中して、それ以外のことは目をつむるのが加点方式の教育だとすると、「で

ぎ　ギフテッド

人に抜きん出た特別な才能を神様からあたえられた（ギフテッド）贈り物（ギフト）とみなす呼び方。決まった定義はないが、平均値が100で、70から130のあいだに約95％の人が収まる知能指数（IQ）において、130以上（上位2％以内）というのが1つの基準。映画『gifted/ギフテッド』では、自殺した数学の天才を母にもつ少女をめぐって、亡き母と同じように育てたい祖母と、ふつうの人間として育てるように託された弟（少女のおじ）が対立する。

す　スティーヴン・ホーキング

ブラックホールの解明で知られる理論物理学者。学生時代から筋肉が徐々に動かなくなる萎縮性側索硬化症（ALS）を発症して晩年は合成音声でコミュニケーションをとっていたが、2018年に76才で亡くなった。代表作『ホーキング、宇宙を語る』は全世界で1000万部以上のベストセラーとなっている。

きないこと」をなるべくなくす減点方式の教育では、突出した才能をもっていたはずの子どもたちも、いずれ「なんでもそつなくこなす、ふつうの人」になってしまいかねない。それでは、異能の人は育ちません。

ミナト なんで、そんなふうになっちゃったのかな。

ロダン 「1人でなんでもできる人が優秀だ」と思っている人が多いからかもしれません。「1つのジャンルで天才的な頭脳をもっているなら、それ以外のことは大目に見る」という人が多ければ、1人の人間に「あれもこれも」と求めることはないはずです。

ミナト なるほど。

ロダン そもそも人間は1人では生きていけないのだから、自分が不得手なところは他人の力を借りればいいはずです。数学の天才には数学を思う存分やってもらうのがいいのであって、コミュ力や協調性を求めるのが、そもそもまちがっているのかもしれません。

ナギサ それもふくめて個性であり、多様性なんですね。

それでも学校に行ったほうがいい理由

ロダン 今日のしめくくりは、この質問です。あなたたちも共感するところがあるんじゃないかな？

第14の質問

受験勉強で覚えたことは、大人になったら使わないって聞きました。それがホントなら、なんで勉強しなくちゃいけないの？

ミナト　まさにこれ！　みんな疑問に思ってると思う。

ロダン　これまで見てきたように、知識を得ることだけが目的だったら、学校はそれほど機能しなくなってきています。タブレット1つあれば、自分の興味・関心とペースに合わせた個別のカリキュラムで、好きな時間に勉強することができるようになってきたからです。

ミナト　オンライン授業を経験すると、それがすごく実感できます。

ロダン　じゃあ、なんで学校に行かなきゃいけないかというと、1つは「Ｈｏｗ」、つまり「どのようにしてやるのか」は、動画を見ただけではわからないことが多いからです。知識をつけるだけなら座学でもいいけど、実際に身体を動かしたりして、何かの動作をマスターするには、秘伝のワザみたいなのがあって、それは直接教わったほうが早い。

ナギサ　たとえば、着付けです。

ロダン　着付けって、着物の着付けですか？

ナギサ　着付けは、YouTubeの動画を見るだけでは、なかなかうまくできません。見ただけでわかるなら、世の中の着付け教室は全部つぶれちゃうでしょ？　身体を動かすスポーツもそうだし、絵を描いたり、歌を歌ったりするのも全部そうです。だいたい、1人きりじゃ、サッカーもバスケットボールも合唱も合奏もできないわけで……。

ミナト　主要5教科以外は学校でやったほうが早い、と。

ロダン　要するに、見たり聞いたりするだけじゃなくて、五感を使って学ぶようなことは、実際に教わらないと、なかなか上達しないということです。

ナギサ　はい。

学んだことは誰かを相手に使ってはじめて自分のものとなる

ロダン　それと、学校に行ったほうがいいもう1つの理由は「ｗｉｔｈ　Ｗｈｏｍ」、つまり「だれと学ぶか」が決定的な意味をもつからです。どの先生に教わるか、どんなクラスメイトといっしょに勉強するか。学校に集まって学ぶ意味は、そこにあります。

ナギサ　でも、先生もクラスメイトも自分では選べません。

ロダン 選べないからいい、ということもあるんです。前にも言ったように、学校を卒業して大学に入っても、大人になって会社に入っても、どこでも「集団生活」があるし、「いじめ」も「同調圧力」もなくならないから、早めに慣れておくにこしたことはないんです。いろんな先生や生徒がいるから、どんなタイプが自分に合ってるのかがわかるし、自分と相性がよくない人との距離《きょり》のとり方もだんだん身についてきます。

ミナト ニガテな人には近づかないとか。

ロダン それに、学んだことは実際に使ってみないと自分のものにならないんです。習ったことを丸暗記しただけでは、本当に必要なときに役立ちません。たとえば、授業を聞いてわかったつもりになっても、あとで同じ問題を解こうとすると、「あれ？　どうやるんだっけ？」とやり方がわからなくなることってあるでしょ？

ナギサ ありすぎて、笑うしかないです（笑）。

ロダン 目と耳から入ってきた知識を使える状態にするには、実際に使ってみることが大切なんです。数学の場合は自分の力で実際に問題を解いてみる、英語の場合は学んだ知識を使って実際に自分で話したり、書いたりするわけです。

ミナト 読んだり、聞いたりするだけではダメってこと？

ロダン 「読む」「聞く」「書く」「話す」の4つの技能のうち、「読む」と「聞く」は自分の外から中に情報を取り入れるインプット、「書く」と「話す」は自分の中から外に向かって情報を出すアウトプットです。外からインプットした情報は、頭の中でほかの情報と組み合わせたり、新しいアイデアを加えたり、自分なりの言葉におきかえたりして、最終的にアウトプットする（図2－5）。学んだ知識を自分の中にためこんでるだけじゃなくて、それを話したり、書いたりすることで世の中に還元《かんげん》する。「使う」というのは、「アウトプットする」のと同じ意味なんです。

ナギサ　なるほど。

ロダン　言葉は使わないと身につかない。理科や社会だって同じです。覚えた内容を友だち相手に話してみて、それで相手がわかるかどうかを試してみる。だれかに教えた経験のある人ならわかって

［図2-5］インプットした情報を頭の中で処理して、アウトプットする

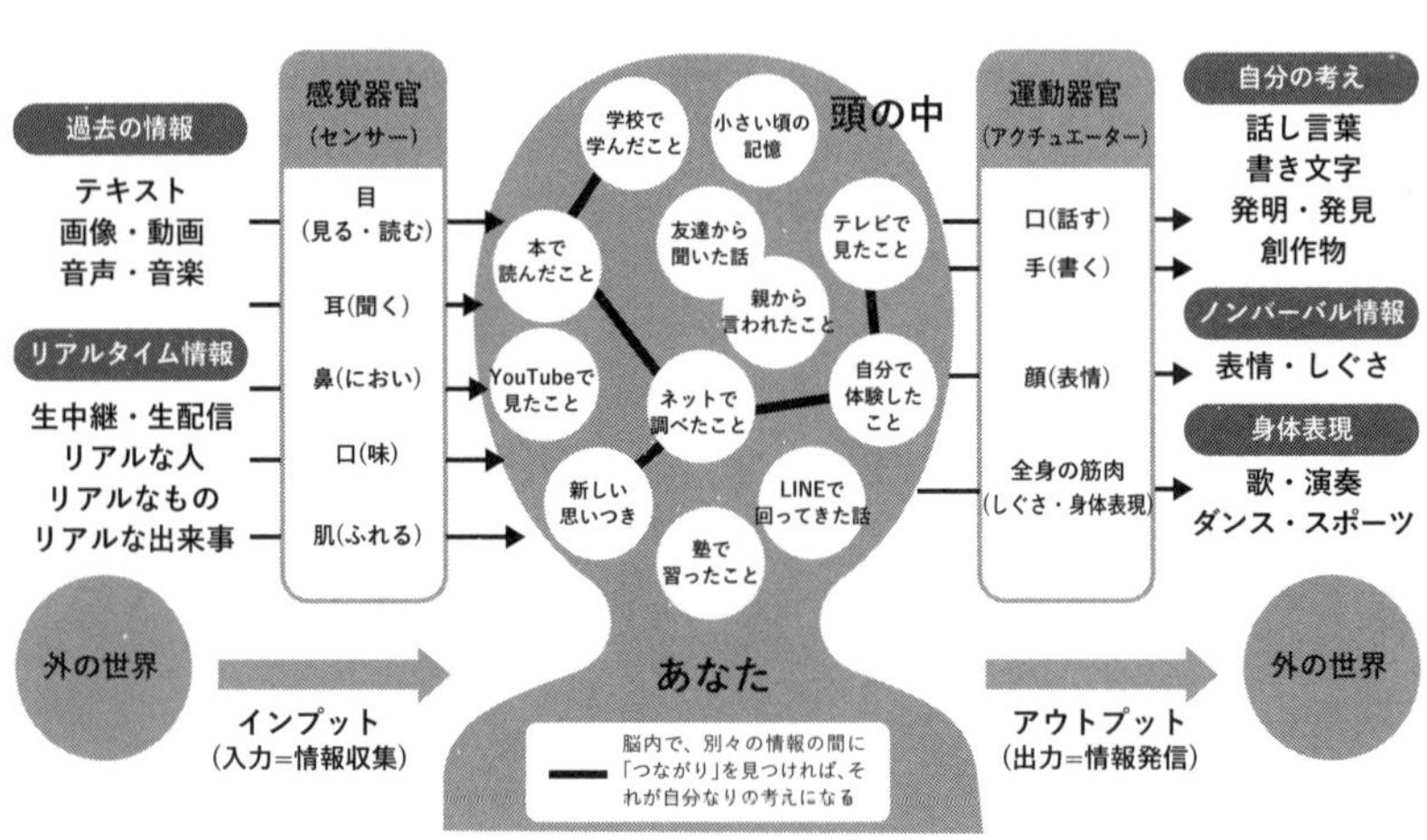

もらえると思うけど、相手に伝わるように説明するには、まず自分がしっかり理解する必要があります。教えることで、自分の理解も深くなるんです。そこまでやれば、インプットした知識は、いつでも取り出して使えるツールとなって身につきます。

ミナト　脳内で妄想《もうそう》してるだけでは、学んだ知識を活用できてない？

ロダン　頭の中で何を考えるのも自由だけど、それを自分の中にとどめておくだけでは、どこまでいっても自己満足の世界です。せっかく何か新しいこと、革新的なアイデアを思いついても、だれにも明かさなければ、世の中的には、それは無に等しい。だって、だれにも知りようがないのだから。

ナギサ　ただの思いつきにすぎないってことですよね。

積極的にアウトプットしていれば仲間が集まってくる

ロダン　しかも、自分ではどれだけすごいことを思いついたつもりでも、世の中は広いから、自分と同じようなことを考えている人がきっといます。それも1人や2人ではなくて、世界中を見わたせば、数百人、数千人という単位でいるはずです。だから、アイデアを秘匿《ひとく》して、自分だけのものにしておくことに、たいした意味はないんです。

ミナト　「俺強えええ」ってのは幻想なんだ。

ロダン　自分がすごいのは、半径数メートルのごくせまい世界の中だけの話なんです。だから、「自分はこんなこと考えたんだけど」と友だちに話したり、ネットでどんどん情報発信したほうがずっといい。積極的にオープンにしていれば、似たような考えをもった人や、同じ趣味をもった仲間が自然と集まってきます。みんなでその話題でもりあがれば、自分1人で考えるよりも、はるかにいいアイデアが出てくるし、時にはそのアイデアを形にしようという動きも出てきます。

ナギサ　共通の話題があると、何時間でも話していられます（笑）。

ロダン　あなたたちが考えた内容を言葉にしたり、文字にしたりしてアウトプットすれば、今度は別のだれかがそれをインプットして、その人なりに考えることができます。そうやって人から人へ、伝言ゲームのように情報が伝わり、それぞれが自分の考えをちょっとずつ付け加えていくことで、人類の知の総量はふえていくんです（図2－6）。

ミナト　自分の中に知識をためこむだけでアウトプットしない人は、人間の知の進化や深化、知の広がりに貢献しないってこと？

ロダン　学校で学ぶことは、過去の偉人《いじん》たちが苦労して発見したり、頭をふりしぼって考え出したり、みずから実験台となって、何度も失敗しながら積み重ねてきた歴史であり、人類全体の遺産でもあるわけです。それを学んだぼくたちも、自分の頭で考え、何か新しいものを、付け加えていきたい。みんながそれをおこなうことで、人類全体の知がどんどん大きくなる。

ミナト　何だかすごいことになってきた……！

ロダン　図２－７は、小中高大学の、さらにその先の**修士課程**、**博士課程**の人が人類の知に新たな１ページを刻んで、知の領域（円の面積）を少しずつ拡大することを、わかりやすく図にしたものです。１人ひとりの貢献はほんのわず

し　修士課程と博士課程

おもに過去の偉人たちの業績を「学習」する大学とちがって、大学院は自分の力で「研究」することが求められる。大学院の前半2年を修士過程（博士前期課程）、後半3年を博士課程（博士後期課程）とするのが一般的。修了するとそれぞれ「修士（マスター）」「博士（ドクター）」と呼ばれ、大卒の「学士」とは区別される。

［図2-6］インプットした情報はアウトプットされ、人から人へ広がっていく

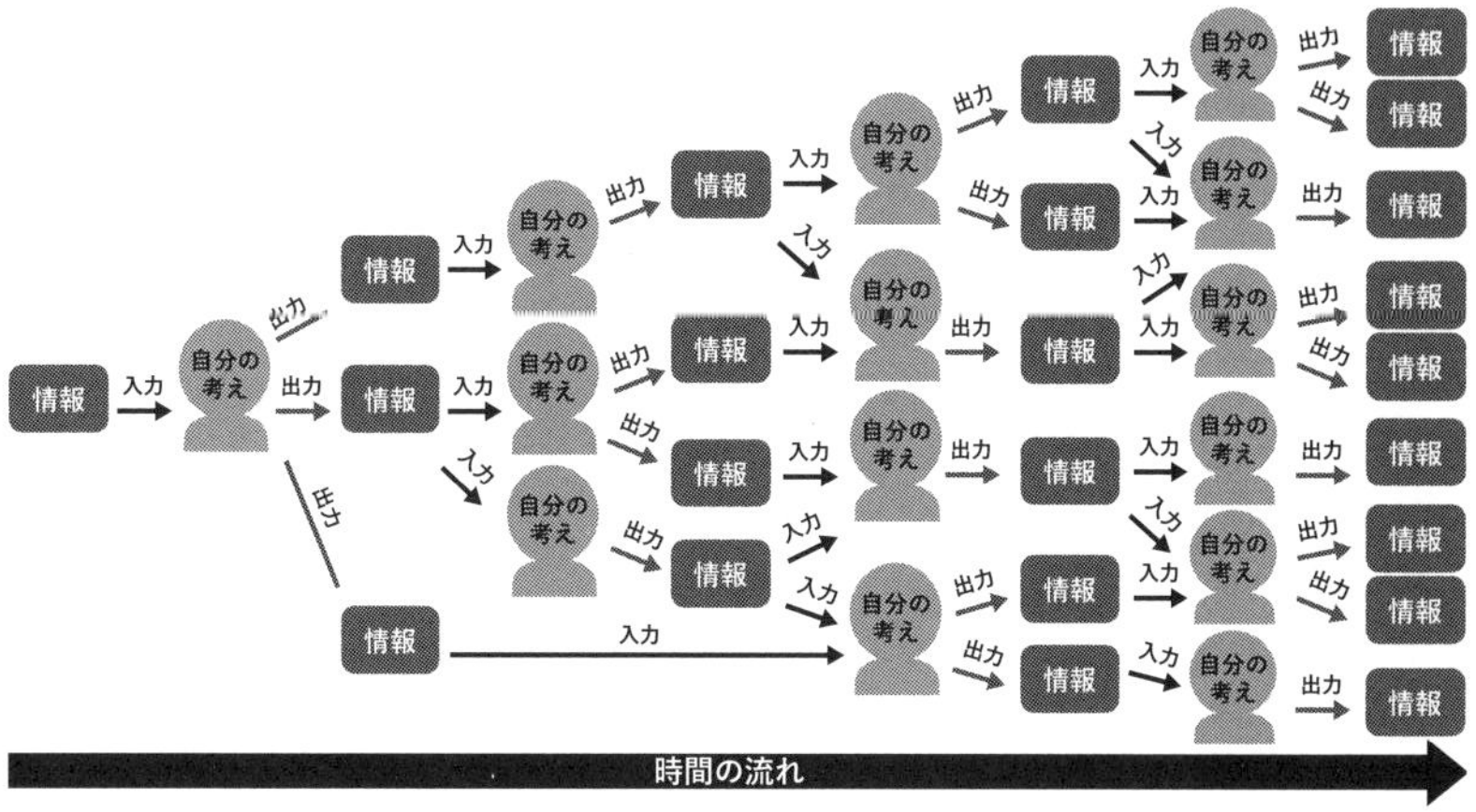

かでも、それが過去何千年にわたって、何十億人もの人たちの英知が積み重なってきた結果、いまの世界ができているわけで、そう考えると、ぼくたちにだって、人類に新たな知をもたらすチャンスがあるかもしれません。

ナギサ　クラクラしてきました……。

発明とは新しい組み合わせを見つけること

ロダン　たしかに話が大きすぎて、実感がわかないかもしれません。だけど、身近なところでも、ぼくたちは、まったく別のところから知識をもちこむことによって、新たなムーブメントを起こすことができるんです。たとえば、たまたまYouTubeで見たプロサッカー選

［図2-7］人類の知の積み重ねが、新しい知識をもたらす

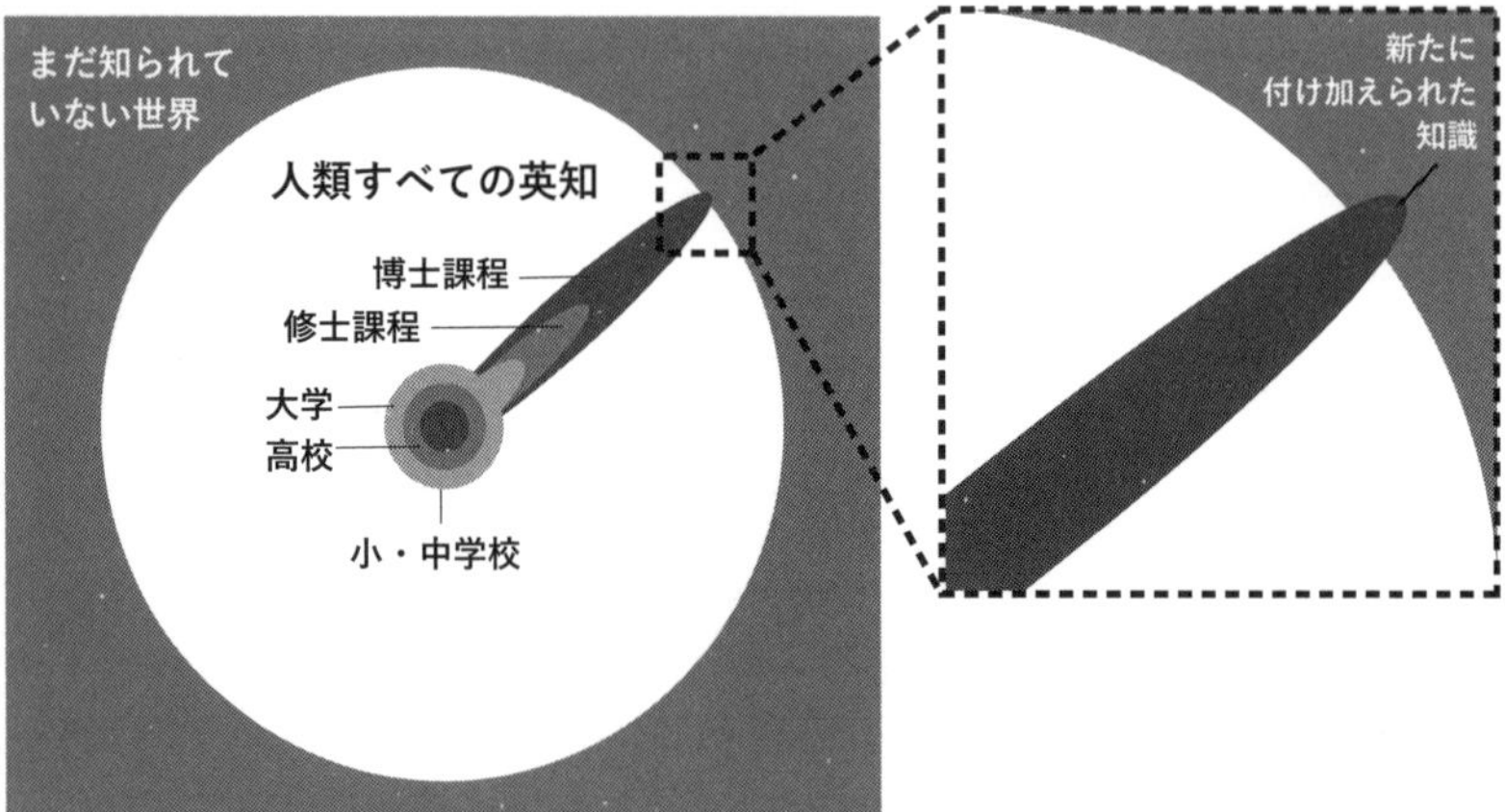

出典：The illustrated guide to a Ph.D

手の練習方法を、チームのメンバーに教えてみんなでやってみるとか。前のクラスでやってた遊びをいまのクラスにもちこむとか。

ミナト　となりの学校で流行ってるゲームやアニメの話を自分のクラスですれば、それがきっかけになってブームが起きるかも（笑）。

ロダン　自分の発言がきっかけで周囲の人たちの行動が変わり、それがいい結果につながれば、みんなから感謝されるかもしれません。このように、「あの話とこの話は、実は同じことを意味してるんじゃないか」とか、「あっちのやり方をこっちにもってきたら、うまくいくかも」とか、「あれとこれを組み合わせれば、こんなことができそう」というのは、何か新しいものを生み出すときの知の働きそのものなんです。

ナギサ　それに気づくためにも、たくさんインプットしておく意味があるんですね。

ロダン　そのとおり！　新しい組み合わせに気づくには、あれもこれも欲張って頭に入れておく必要があります。細かいこと（たとえば年号）を丸暗記するのは、たしかに受験以外ではあまり意味がないかもしれないけど、いろんなことを頭のどこかに入れておくことは、おおいに意味があるんです。だから、あなたたちには、勉強にかぎらず、いろんなことに貪欲《どんよく》にチャレンジしてほしい。

ミナト　記憶のどこかに残っていれば、ある日突然、「あれって、このことだったのか！」と気づくかもしれないし。

ロダン　いますぐ役に立たないからって、ムダということにはならないんです。その知識がいつの日か、まったく別のことと結びついて、新たな発見につながるかもしれない。あなたたちは、そのための種《たね》を、せっせとインプットしている状態なんです。

ナギサ　勉強がムダにならないと聞いて、安心しました。

ロダン　発明家やクリエイターというと、ゼロから何かを生み出す人というイメージがあるかもしれないけど、そんなことができる天才は、ごくまれです。ほとんどの場合、発明やクリエイティビティ（創造性）というのは、それまでだれも気づいていなかった「新しい組み合わせ」を発見することを指すんです。ビジネスの世界では、新しい価値を生むイノベーションこそが大事だと言われるけど、イノベーションのもとの意味は「新結合」で、「新しい結びつき＝新しい組み合わせ」そのものなんです。

前提知識が共有されていれば、より深い話ができる

ロダン　話をもとにもどすと、あなたたちが小中高、そして大学の**教養課程**で学ぶことは、多くの人に知っておいてほしい人類共通の知の基盤《きばん》だ。たとえば気候変動問題について話をするのに、「二酸化炭素CO_2とは何か？」「なぜCO_2がふえるのか？」「CO_2がふえると何が問題なのか？」といったところから、いちいち説明していたら、なか

なか本題に入れません。

ミナト 説明するほうもたいへんだし、聞いてるほうも「むずかしい話はわからない」となりがちだ。

ロダン でも、「CO_2は代表的な温室効果ガスで、石油や石炭、天然ガスなどの化石燃料を燃やすと出てくる。産業革命以来、人間が排出《はいしゅつ》したCO_2はふえつづけ、このままいくと、地球の平均気温がさらに数℃上がると言われている。その結果、海水面が上昇し、多くの島や沿岸都市が水没《すいぼつ》するだけでなく、生命が生きられない乾燥《かんそう》した砂漠《さばく》が広がり、多くの生物が絶滅《ぜつめつ》の危機におちいる可能性がある」といった前提知識を共有していれば、話をそこから始めることができます。

ナギサ 相手のレベルに合わせるといっても限度があります。あんまり通じないと、途中でイヤになっちゃうかも。

ロダン 聞いてるほうだってつらいんです。相手が言っている言葉の意味がわからず、単語でいちいちつまずいてしまう人は、「なんの話？」「どんな意味だろ？」と意味を考えるだけで頭の中がいっぱいになってしまう。一度に使える脳のキャパシティには上限があるから、使える言葉の数、つまりボキャブラリーが少ないと、相手の言ったこ

き **教養課程**

専攻にかかわらず、広く社会人として求められる一般教養（略してパンキョーともいう）を身につけるための大学のカリキュラム。かつては4年制大学の前半2年を教養課程、後半2年を専門課程とするケースが一般的だったが、専門教育の充実を掲げて、教養課程を縮小する大学が相次いだ。自分の専攻の知識しかない、いわゆる「専門バカ」を生まないために、一般教養復権を訴える人も多い。

との意味を考えるだけでいっぱいいっぱいで、会話そのものを楽しめないし、思考もそこで停止してしまう。

ミナト　英語がそうだ。単語の意味を思い出すだけで頭がパンクしてしまって、作者の意図とかまで頭が回らない！

ロダン　数学も同じです。計算だけで頭がいっぱいいっぱいになってしまう人は、その先の問題の意味を考えることはできない。だから文章題や応用問題が解けないんです。言葉や計算というのは、考えるためのツールです。ツールがうまく使いこなせない人は、そこから先の問題を考えることはできません。だから、基本的な言葉（ツール）を使いこなせるようになっておく必要があります。それが小中高で学ぶことの意味なんです。

ナギサ　ツールを使いこなせば、大人になっても、さまざまな問題をより深く考えられるということなんですね。

ロダン　くり返しになるけど、ツールが身についたかどうかは、実際に使ってみないとわかりません。だから、人より早くできた子は、できない子に教えてあげるといいかもしれない。理解の早い人、遅い人、やる気のある人、やる気のない人、世の中にはいろんな人がいます。そういう人たちにどうやってわかりやすく説明するか。その経験は、将来自分がリーダーになったときや部下をもったときに、きっと役に立つはずです。

ミナト それも、学校でみんないっしょに学ぶ意味なんですね！

ロダン 教わるほうも、先生がクラス全員に同じ言葉で教えるよりも、同級生が自分1人のために、自分がわかるように言葉を選んで説明してくれたほうが、ずっと理解しやすいはずです。教育というのは本来、その人の理解度やペースに応じて、個別に教えたほうが効果が出やすいものなのですから——。

〜・〜

「なんかさ。オレもっと勉強がんばろっかな〜って気になったよ」

ともしびの中庭の小径《こみち》を歩きながら、ミナトがつぶやいた。

「受験勉強なんか意味ないって思ってたけど、ちがうんだな。なにより、自分自身のために、もっといろんなことが知りたくなったわ」

「そうだね」ナギサは力強くうなずいた。「わたしももっといろんなことが知りたい！」

ともしびで濃密《のうみつ》な時間を過ごした2人の頭のなかは、今日聞いた話であふれかえっていた。ロダン先生のあの言葉、あのセリフが頭のなかをかけめぐり、あっちにぶつかり、こっちと結びついて、あちこちで火花を散らせていた。自分の脳ミソがどうにかなってしまったようだった。

2人はぼーっとしながら、自転車をおしながら並んで歩いて帰った。

ほとんど会話はなかった。今日の出来事を消化するだけでせいいっぱいだった。

そんな状態だから、周囲を気にする余裕はなかった。

というか、全然目に入ってこなかった。

その気のゆるみが大きな問題を引き起こしたことに、２人はまだ気づいていなかった――。

3日目

同い年なのに なぜちがうの？

「おまえら、つきあってるの？」

バスケ部のトモキがミナトのクラスにやって来て、大声で発した第一声がそれだった。その瞬間《しゅんかん》、まわりにいたクラスメイトの耳が全部ダンボになったことに、ミナトは気づいていなかった。

「え？　つきあってるって、だれと？？？」

ミナトが聞き返すと、ニヤニヤ笑いのトモキが小声で、しかし、確実に周囲に聞こえるボリュームで言った。

「だれって、そりゃ〜、あれでしょ。ナギサちゃん♡」

「エーッ！　なんでオレがナギサとつきあってることになってるの？」

「おまえら、昨日の夕方、氷川神社のとなりの喫茶店《きっさてん》？　そこから仲良く手をつないで出てくるところを、ばっちり目撃《もくげき》されてんのよ」

「だ、だれに？」

「うちのクラスの女子に、だよ。そういえば、おまえら、小学校もいっしょだったよな〜。いつからつきあってんだよ！」

「ちょ、ちょっと待った。——あそこは喫茶店じゃなくて図書館だし、ちょっと勉強を教えてもらってただけで、手なんかつないでねえよ……」

手をつないでないのもホントだし、２人がつきあっていないのは、だれよりもミナト自身が知っている。だが、そんなことはもう信じてもらえる雰囲気《ふんいき》ではなかった。

「勉強？　スポーツ万能、脳内きんにくんのミナトが？？？」

アハハハハ、というトモキの笑い声が高らかに教室中にひびきわたった。万事休す。ミナトは「でも、つきあってねえよ」と力なく否定したが、それを真に受けた人など、そこにはだれもいなかった。

ミナトとナギサがつきあっているらしいというウワサは、その日のうちに学校中に知れわたった。当然、ナギサの耳にも届いたが、それはクラスメイトの女子たちのこれ見よがしのヒソヒソ話を通じてだった。

「ミナトくんって、バスケ部のエースでしょ。スラリと背が高くて、カッコいいよね～」

「なのに、なんでナギサなの？？？」

「ナギサってさ、ちょっと頭がいいからって、調子乗ってるんじゃない？」

「あ～なんだかムカつく！」

「いいな～。わたしもミナトくんみたいな彼氏ほしいなあ♡」

「え～、奪《うば》っちゃえばいいじゃん！」

「それは、ないない。ナギサのお古なんて、絶対イヤ！」

「だよね～（笑）」

聞こえないふりをしたものの、ナギサの顔は真っ赤に染まっていた。それは恥《は》ずかしさよりも、メラメラ燃える怒《いか》りの炎のせいだった。ミナトとつきあってるのが既成《きせい》事実化しているのは、この際どうでもよかった。いや、どうでもよくはないのだが、そこはあえて意識しないようにした。そんなことより、こいつらだ。ホントに、どうしてくれようか――。

それからの1週間、用事があるとき以外は、ナギサはだれとも口をきかなかった。だれもが自分の悪口を言っているような気がしたのだ。

実際にはそんなことはなかったし、他人の恋バナなんて、新たに燃料が投下されないかぎり、みんな数日で飽《あ》きてしまうものなのだけど、自意識過剰《かじょう》になっていたナギサには、とてもそうは思えなかった。

地獄のような1週間をなんとかやり過ごしたナギサは、水曜日に学校を終えて帰宅すると、1人で歩いて氷川神社に向かった。こんな状況で、ミナトと行動をともにするなんて考えられなかったのだ。

だが、どうしても、このやるせない気持ちをだれかに聞いてほしい。いまのナギサにとって、話を聞いてほしい相手は、ロダン先生以外に思い浮かばなかった。

カランカラン。ナギサがともしびの扉を開けると、いつものようにロダン先生がそこにいた。

「いらっしゃい。あれ？　めずらしいね、今日は1人？」

「そうなんです……」

そう言うとナギサは、この1週間の出来事を息せき切って語りだした。あとからあとからとめどなく言葉があふれだし、しまいには目から涙まであふれてきた。いま思えば、あのとき女子たちに何も言い返せなかったことが、ナギサは悔しくてしかたなかったのだ。

ナギサがひとしきりしゃくりあげるのを見届けたロダン先生は、「そうか、そうか。それはつらかったね」と声をかけ、「これを飲みなさい」と、いつもより大きめのマグカップをナギサの前に置いた。それは、ホットココアだった。両手で握りしめたマグカップから伝わるぬくもりに、ナギサの傷ついた心はゆっくりとほどけていった。


〜・〜

ロダン　もう落ち着いたかな。
ナギサ　はい。なんだか、すみませんでした……。
ロダン　全然かまわないよ。だれだって、泣きたくなるときはあるからね。ナギサさんの今日の質問、というか不満は、こういうことになるかな？

第15の質問 勉強が好きなのもスポーツが得意なのも人それぞれ。なのにどうしてねたんだり、足を引っ張ったりするの？

ナギサ 好き嫌《きら》いや得意不得意って、みんなちがうはず。わたしだって運動はニガテだし、歌もダンスもできないけど、できる人のことを「うやらましいな～」と思うことはあっても、ねたんだり、足を引っ張ったりしようなんて思わない。なんでそんなことをする人がいるのか、ずっと不思議なんです。

ロダン それは、あなたが自分に自信がある人だからじゃないかな？

ナギサ えっ!? 自信なんて全然ないです！

ロダン だけど、やればできるとどこかで信じているでしょ？ 「自分の能力はこんなものじゃない」「やればもっとできるはず」と思える人は、他人のことをとやかく言うよりも、まず自分自身に興味があるはずだし、自分の好きなことや得意なことにフォーカスするから、その分、成長スピードも速い。

ナギサ 本を読むのは好きです。勉強も別にきらいじゃない。でも、自分に自信があるかどうかは、よくわかりません。

ロダン 別に根拠《こんきょ》なんてなくていいんだ。根拠なき自信は若さの特権だからね。根拠なんて、大人になって経験をつんでいけば、あとから自然とついてくるものだ。**実績**と呼ばれるのがそれだ。経験量にまさる大人に実績があるのは当たり前で、若者には実績（根拠）がないかわり、大人よりずっと大きな**ポテンシャル**がある。

ナギサ 何になれるかはわからないけど、きっと何かにはなれるというのも、〝自信〟と呼んでいいんですか？

ロダン もちろんです。あなたくらいの年令で、将来何になれるかがわかっている人なんて、ほとんどいません。でも、「いまの自分よりよい何か」にはなれると思うでしょ？　そういうポジティブな気持ちが自信につながるし、自己肯定《こうてい》感

じ　実績

ある人がそれまでに成し遂げたことを他の人が見てわかる形にまとめたもので、学校の成績や部活・習い事の活動歴、アルバイト歴、仕事上の経歴などがそれに当たる。過去にこれだけのことをしてきたのだから次はこれができるはずだと考える「根拠」になるが、実績はあくまで過去の記録にすぎないため、予測が外れることもよくある。

ぽ　ポテンシャル

まだ表に現れていない「潜在能力」や、未来がいろんな方向に開かれている「可能性」のこと。経験が少なく、、まだ特定の道を選んでいない若者は、何者にでもなれる可能性がある一方、すでにある道を選んだ大人は、その道のプロになることはできても、それ以外の道でプロになれる可能性は小さくなる。実績がふえればポテンシャルは減り、ポテンシャルが大きいほど実績は小さいという関係にある。

の高い人は、放っておいてもどんどん伸びる！

ナギサ いまより悪くなる自分なんて、想像したこともありませんでした……。

ロダン だから、ナギサさんは何も心配することはないし、ぼくも何も心配していません。自信をもって、まっすぐ育っていってください（笑）。

他人の足を引っ張るのは、自信がないことの裏返し？

ロダン ところが、世の中には、どうしても自分に自信がもてない人がいるんです。どうせ自分なんて……と卑下《ひげ》してみたり、自分はだれからも必要されていないと落ちこんでみたり。そういう自己肯定感が低い人のなかには、自分は上にはいけないから――本人がそう思いこんでいるだけで、そんなことは全然ないんだけどね――自分を成長させるのではなく、他人を自分と同じところまで引きずりおろして〝みんないっしょ〟だと思いたい人もいるかもしれない。

ナギサ だから、足を引っ張るんですか？？？

ロダン 世の中にはそういう人もいるということです。他人の成功をねたむあまり、「なんであいつばっかり……」と思いはじめたら危険信号で、嫉妬《しっと》心には際限がないから、しまいには四六時中その人のことばかり考えるようになって、怒《いか》りで我を忘れてしまう人もいる。

ナギサ 怖《こわ》い……。

ロダン だけど、自分の感情をどれだけたぎらせても、他人は変えられません。変えられるのは自分だけなので、できないことにフォーカスするより、自分がコントロールできることに集中したほうがいい。そのほうが気持ちもずっとラクだし、自分が変われば、他人と比べて「どうせ自分なんて……」と勝手に落ちこむことも自然と少なくなるはずです。

ナギサ 自分は自分、あの人はあの人、と思うと、気持ちがラクになります。

ロダン 結局、何が好きで、何が得意かというのは、人それぞれ、みんなちがうわけです。走るのが速い子もいれば、歌うのが好きな子も、数学が得意な子もいる。それって適性の問題であって、格差とはちがう。ただの「差異」を「格差」や「不公平」とごっちゃにするから、ややこしくなるんです。

ナギサ 「差異」と「格差」のちがいって何ですか？

差異は解消できないから受け入れるしかない

ロダン 「差異」というのは、たとえば身長差とか肌《はだ》の色とかルックスとか、克服《こくふく》できないものを指します。適性や得意不得意というのも「差異」の1つで、そこに優劣《ゆうれつ》はありません。「ちがうものはちがう」と認めるしかないんです。趣味《しゅみ》や好みの問題と言いかえてもいい。

ナギサ 好きなものは好きなんだから、文句を言ってもしょうがないってことですね。

ロダン きみの好みはよくないとか、そんな趣味はやめてしまえなんて、それこそ余計なお世話でしょ。「おまえにそんなこと言われたくない」って思うはず。だから、「差異」は受け入れるしかない。ちがうものはちがうんだから、それを受け入れ、文句を言わないというのは、多様な人たちが共存するための、いちばん大事で基本的な姿勢です。

ナギサ 「差異」を受け入れることが「多様性」につながるんですね。

ロダン 一方、「格差」という言葉には、優劣や上下といったニュアンスが入っているでしょ？どっちが上で、どっちが優れているかを決めないと、おさまりが悪いというか。優劣を決め、上下関係をはっきりさせようとすると、どうしても対立が生じる。対立は、相手を圧倒《あっとう》することでしか解消されないんです。

ナギサ ただのちがいを「格差」だとかんちがいしてるから、ズルいと感じたり、足を引っ張ったりしたくなる？

ロダン そうだね。なんでも「格差」や「不平等」ととらえてしまうと、そこに対立が生じて、相手を打ち負かすまでやるしかなくなる。議論をしているとき、すぐに相手を「論破」

しようとするのも、その1つだ。

ナギサ 話をさえぎられて「ハイ、論破」とか言われると頭にきちゃいます。

ロダン 議論というのは本来、立場や考え方がちがう人同士が話し合い、ちがいを乗りこえ、おたがいが受け入れられるような着地点を見つけるためのものなのに、相手の言いまちがいや言葉尻《じり》をとらえたりして、言い負かすことだけをねらっている人とは、そもそも話し合いになりません。

ナギサ ちがう人と共存するんじゃなくて、ちがいを認めず、自分たちのほうがエライとかんちがいしてるってことですね。

ロダン ただの「差異」に優劣はない。だから、おたがいのちがいを認めて、うまくすみ分けることが重要だ。同じクラスでも、テニスが得意な人はテニス部に入ればいいし、楽器が好きな人は吹奏楽部《すいそうがく》に入ればいい。入りたい部活がないなら、帰宅部だってかまわない。どっちがエライわけでもないし、いがみあうのもおかしな話だ。相手の特技や趣味、考え方を尊重すれば、たいてい上手にすみ分けられる。干渉《かんしょう》してくるのは、ちがいを受け入れられない人だけだ。

ナギサ 文化部のことを見下す運動部の人たちとか——。

〜・〜・〜・〜・〜・〜・〜・〜・〜・〜・〜・〜・〜・〜・〜・〜・〜・〜・〜

そのときだ。カランカラン、と鈴の音がしたかと思うと、ミナトがいきおいよく駆《か》けこんできた。

「やっぱりここにいた！」

ナギサの姿を確認すると、ミナトは大きく深呼吸した。どうやら自転車をとばしてきたようだ。

「ナギサんちに行ったら、もう出かけたって言うから、きっとここだろうなと思ったけど――」

ひと呼吸入れてミナトはつづけた。「まただれかに見られるといけないから、となりの駅までひとっ走りして、ここまで戻ってきた。大丈夫、だれもいなかったよ」

バカ、見られたらどうするの！ という言葉は発せられることなく、ナギサののどの奥に引っ込んだ。ミナトはミナトなりに気にしてるのだ。

だが、こうしてミナトの顔をまじまじと見ると、急に気恥《きは》ずかしさがこみ上げてきた。だって、わたしたち、つきあってるなんて言われたんだよ。そんなこと全然ないのに！

気まずそうにだまりこんでしまった2人を見比べながら、ロダン先生は「ほっほっほ」とにこやかに笑い、ミナトに声をかけた。

「今日はスペシャルサービスだ。あたたかいココアを用意するから、そっちに座って待っててね。ナギサさんにももう一杯あげよう」

ココアが出てくるまで、2人は目も合わせなかった。なんと声をかけていいか、わからなかっ

たのだ。しかし、あたたかいココアが2人の心をほぐしてくれた。ナギサがおずおずと口を開く。

〜・〜・〜・〜・〜・〜・〜・〜・〜・〜・〜・〜・〜・〜・〜・〜・〜・〜

ナギサ　いまちょうど、文化部をバカにする運動部の話をしてたところ。ミナトみたいに！

ミナト　えっ!?　オレ、全然バカになんかしてないよ。ほとんど接点ないから、住んでる世界がちがうな〜って思うくらいで。

ロダン　住んでる世界がちがう！　それはいい言葉ですね。ぼくもミナトさんのおっしゃるとおりだと思いますよ。

ミナト　？？？　どういうこと？？？

上手にすみ分ければ異質な人とも共存できる

ロダン　ちょうど差異と格差のちがいについて話していたんです。自分のほうが上だとマウンティングしてきたり、他人を見下したりする人は、差異と格差のちがいがわかってない。クラスメイトは自分で選べないけど、部活や休み時間に遊ぶ友だちは自分で選べるでしょ？　同じ空間を共有していても、ちがいを受け入れれば、上手にすみ分けることができるはずです。

ナギサ 1人で本を読んだりボーッとしたいときもあります。

ロダン 休み時間くらい放っておいてほしいという人もいるし、1人じゃさみしい、みんなとワイワイ騒ぎたいという人もいる。人それぞれなんだから、その人のしたいようにすればいい。すみ分けは多様な人たちが共存していくうえでの大事な知恵《ちえ》なんです。

ナギサ でも、たいてい放っておいてくれないんですよね。「いまはかまわないで」ってときにつきまとわれると、イライラします（苦笑）。

ミナト 女子はトイレも1人じゃ行けないって聞いたよ（笑）。

ロダン それをキリスト教では**牧人《ぼくじん》思想**と言うんです。キリスト教では信者を「迷えるヒツジ」、信者を導く人を「ヒツジ飼い＝牧人」にたとえることが多いんだけど、１００匹《ひき》のヒツジのうち、1匹だけ迷子になってしまったら、99匹を残して迷子の1匹を探しにいくのがキリスト教の教えなんです。もしかしたら、そのヒツジは1匹でいたいだけなのかもしれないのに。

ナギサ 「放っておいて！」と思ってたりして。

ロダン 自分が正しいと思っている人――親や学校の先生、部活の指

ぼ　牧人思想

イエス・キリストは自らを「善《よ》き羊飼い」と呼び、羊のために死ぬのが善き羊飼いと言ったとされる。聖書に出てくる「迷える羊と羊飼い」のエピソードにおいて、1匹の迷える羊は神から離れてしまった人や罪を犯した人を指す。そういう人をも見捨てない神の愛の大きさを説いている。

導者なんかが典型的だね――が、相手のことを思っているフリをして、「きみはまちがっている」と決めつけたり、「おまえにはこれがいいんだ」とおしつけたりすることを**パターナリズム**と言います。宗教にもそういうところがあって、だれもたのんでないのに、神の御心《みこころ》を説いたりするのは、「自分たちこそ正しい」と信じているからです。

ミナト　信じるものは救われるかもしれないけど、信じてない人にとっては、うっとうしいだけかも。

ナギサ　仲間はずれにするのもよくないけど、無理やり仲間に入れようとするのもちがう気がする……。

バトルフィールドは1つだけじゃない

ロダン　相手が自分とはちがうことを認めないと、そういうおしつけや決めつけがなくなりません。外見も趣味も適性も全部ちがうんだから、おたがいの存在を受け入れて、うまくすみ分けるしかないんです。ちがいを認めず、その差を無理に埋めようとするのが同調圧力やパターナリズ

ぱ　パターナリズム

強い立場にある人（親・夫・教師・監督・上司・先輩・医者など）が、その地位や立場を利用して、弱い立場にある人（子・妻・生徒・部員・部下・後輩・患者など）に対して、一方的に自分の考えをおしつけること。弱い立場にある人の考えは無視されるため、「本人のためを思って」というのは言い訳にすぎず、おのれの支配欲を満足させるためだけのことも多い。

ムで、弱いほうが一方的に自分を曲げさせられてしまう。それではダイバーシティ（多様性）は保てません。

ミナト　ないものねだりをして、だれかをうらやむだけではダメってことですね。

ロダン　その人が自分にない「何か」をもっているように、あなた自身もほかの人にはない「何か」をもっているんです。そこに優劣はない。他人の能力やルックスをうらやましがったり、ねたんだり、相手の足を引っ張ったりするよりも、自分の好きなこと、得意なことにフォーカスしたほうが、ずっと楽しいはずです。

ナギサ　それが、すみ分けるってことですね！

ロダン　イソップ物語の「**すっぱいブドウ**」の話を覚えてる？

ナギサ　おなかをすかせたキツネがブドウの木を見つけたけど、高すぎてブドウに手が届かないって話でしたっけ？

ロダン　そうそう。はねても届かないから、くやしまぎれに「どうせすっぱいブドウだろ、食べてやるもんか」と言い残して立ち去った。それで「負け惜《お》しみの物語」とされているんだけど、がんばってもブドウが手に入らないなら、別の食べ物を探しにいけばいいだけなんです。キツネはブドウがほしくて一度はトライしてみたけど、それは自分向きの食べ物ではなかっ

す　すっぱいブドウ

「キツネとブドウ」としても知られるイソップ物語の1つ。キツネがどうやっても手に入れられなかったブドウを「すっぱいブドウ」と称したのは、自分の無能さをかくすための言い訳で、「すっぱいブドウ(sourgrape)」は自分を正当化する負け惜しみを意味するようになった。

た。それがわかったから、別のものを探しに行ったと考えれば、「すみ分けの物語」になる。

ナギサ そのブドウは、木登りが得意なサルや背の高いクマ向きだったわけですね。

ロダン そういうことです。ブドウがすっぱいかどうかよりも、キツネが「自分にはブドウがとれなかった」「自分は負けた」と落ちこんでしまうことのほうが問題です。そのブドウは自分向きじゃなかったんだから、さっさとあきらめて、次のフィールドに移動すればいいんです。何かにトライして、失敗するたびに打ちのめされていたら、やってられないでしょ。

ミナト たまたま自分に合わない競技に出くわしちゃっただけで、全然気にする必要はないと。

ロダン 背の高いブドウがダメなら、もっと背の低いイチゴを探せばいいし、落ちた木の実だってある。ブドウを食べる競争ではサルやクマに勝てないかもしれないけど、ほかの食べ物なら勝負になる。自分がいちばん力を出せる場所を探して、そこで勝利を目指すのが、かしこいやり方です。

ミナト 自分が戦いやすいフィールドを見つければいいんですね！

ロダン 同じイソップ物語の「**アリとキリギリス**」も、夏のあいだコッコツ働いていたアリがエラくて、遊んでばかりいたキリギリスがダメ、という単純な見方だと、いかにも教訓めいていてつまらないけど、アリにはアリ向きの、キリギリスにはキリギリス向きの生き方があるととらえれば、これも「すみ分けの物語」と読みかえることができます。

ナギサ でも、キリギリスは冬に食べ物がなくなって餓《う》え死にしてしまうはず。

ロダン 「アリとキリギリス」にはもう1つ別の結末があって、食べ物がなくなったキリギリスがアリを訪ねると、かわいそうだからと家の中に招き入れて、いっしょにごはんを食べた、というバージョンも流布《るふ》しています。ただ、その場合も、キリギリスはアリに説教されて、ちゃんと働くように改心したことになっているんだけどね。

ミナト やっぱりアリのほうがエラい……？

ロダン それもふくめて、どちらの生き方を選びますか？　ということです。たとえキリギリスが真面目に働いたとしても、もともと集団生活が得意なアリほど効率的に食料を集められない可能性が高い。キリギリスが楽器を弾いたり歌ったりするのをやめてしまったら、楽しいはずの夏休みも、暑くてつらいだけの季節になってしまうかもしれません。

ナギサ 向き不向き、得意不得意は人それぞれちがうってことですね！

ロダン そうなんです。ところが、以前ここによく来てくれた中学生の子にこの話をしたら、こんな質問をされたことが

あ アリとキリギリス

イソップ物語の1つ。夏のあいだに食料をせっせと集めたアリと、歌を歌って楽しく暮らしたキリギリス。冬になり食料がなくなったキリギリスがアリに「食料を分けてくれ」とせがんだけれど、拒否され飢え死にしてしまうというのが初期のバージョンで、アリに食料を分けてもらって生き延びたキリギリスは改心して、きちんと働くようになったという改変バージョンもある。

あるんです。

第16の質問

イケメンでスポーツ万能で頭もよくてだれからも好かれる。神様、これって不公平では？

ナギサ　全部もってる人って、たまにいますね……。

ミナト　いるいる。「天は二物を与えず」なんて絶対ウソだよね（苦笑）。

ロダン　ぼくはこれもすみ分けの問題だと思うんだけど。

ナギサ　でも、こっちがすみ分けようと思っても、全部もってる人は、何をやらせても一番なんです。

ロダン　ホントにそうかな？　勉強とか運動のような大きなくくり方だと同じ人が一等賞に見えるかもしれないけど、もっと細かく分けて、たとえば英語の発音のうまさ、ボキャブラリーの多さ、暗算の速さ、50メートル走や校内マラソンの順位、遠投の飛距離《きょり》、バスケットボールのドリブルやシュート、鍵盤《けんばん》ハーモニカやリコーダーの演奏……といったくくりで見ていけば、いろんな人が一等賞になれるんじゃないかな？

ミナト　ゲームのハイスコアやカラオケの点数なら比べられるし、ギャグのおもしろさとか私服のセンス、好きなアニメの知識まで広げれば、いくらでも順位をつけられる！

ゲームの種類が多ければおおぜいの人がハッピーに

ロダン　期末テストの点数とか偏差値とか、たった1つのものさしでクラス全員を並べると、一等賞になれるのは、1人の生徒だけです。イスとりゲームで最後の1つのイスに座れる勝者は1人なのといっしょで、1つのゲームでは最終的に1人しか勝者になれません。

ミナト　サバイバルレースだ。

ナギサ　この競争に勝つのはたいへんそう……。

ロダン　頂点に立ちたかったら、全員に勝つしかないわけです。クラスの中だったらなんとかなるかもしれないけど、学年全体や学区全体でも順位がつけられるとすると、トップに立ち続けることのはものすごくたいへんです。

ナギサ　受験の場合は上位数十から数百名の中に入れば合格できるから、勝者は1人だけとい

サバイバルレースに勝てるのはたった「1人」

うことはないはずです……。

ロダン　それでも「せまき門」であることにはちがいない。役人やサラリーマン、学者の出世レースはもっと過酷《かこく》で、上に行くほど**ポスト**――イス取りゲームのイスに当たります――が少なくなるから、嫉妬《しっと》やいじめ、誹謗中傷《ひぼうちゅうしょう》といった足の引っ張りあいもあるし、有力者に気に入られるように取り入ったり、時には敵同士で徒党《ととう》を組んで別のライバルを蹴落《けお》としたりすることもあるので、要注意です。

ミナト　オトナもたいへんだ……。

ロダン　でも、何が大事だと思うかは人それぞれで、別にみんなが社長になりたいわけじゃないでしょ？　むしろ、そうじゃないところで人生を楽しんでる人のほうが圧倒的に多いんです。それが可能なのは、世の中にはいろんな価値観、いろんなゲームがあって、ゲームの数だけ一等賞がいるから。競争する場そのものをすみ分ければ、ごくひとにぎりの人しか幸せになれない過酷なゲームを戦い抜く必要なんて、ないんです。

ぽ　**ポスト**

出世レースにおけるゴールのこと。役所なら最終的にトップの事務次官になれるのは同期の中でただ1人。誰かが事務次官になった時点で、その同期は原則として全員役所を去る。会社員の場合、社長以下経営者になれるのはごくわずかで、内部昇格だけでなく外部から呼んでくるケースも多い。係長→課長→部長の出世レースに敗れた人は、部下のいない「名ばかり管理職」になったり、子会社に出向することも。学者の場合は助教になるのがまずたいへんで、その後も講師→准教授→教授→学部長→学長と続くが、学部長や学長を決める学内選挙が紛糾するケースもある。大学内の出世に興味がある人は、筒井康隆『文学部唯野教授』(岩波書店)を読むことをおすすめしたい。

ゲームの種類がふえれば
「1位」の数もふえて、みんな幸せ

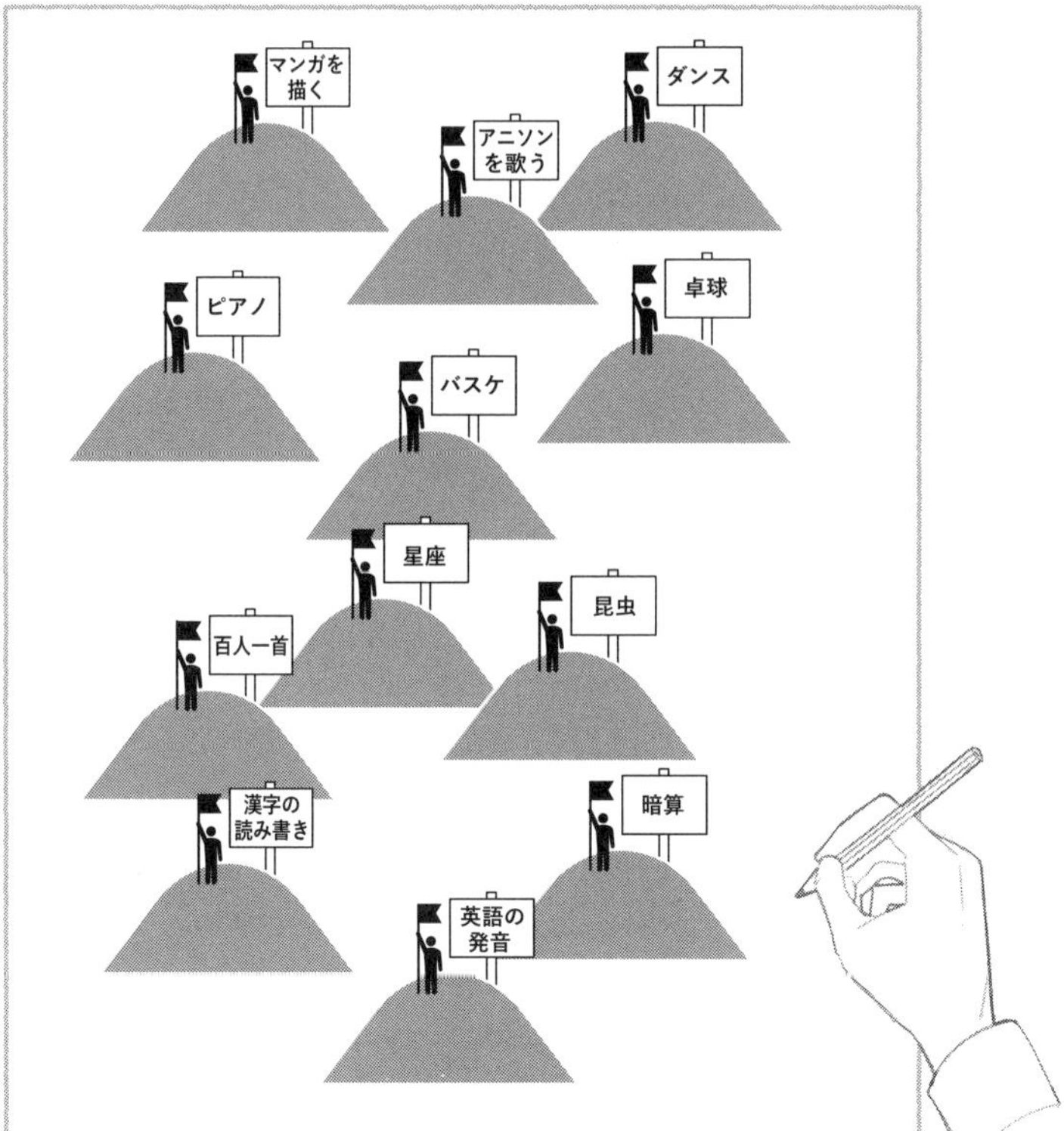

やる気のみなもとはどこにある？

ナギサ　どうがんばっても自分は一番になれないことがわかってる分野で一生を棒にふるなんて、考えただけでもイヤになります。

ロダン　好きなことだからがんばれる。やっていて楽しいから、どれだけ時間や労力がかかっても、別に苦にならないんです。そうやって夢中になって取り組んでいれば、それだけ「ものになる」可能性が高くなる。自分の才能を伸ばしたいなら、不得意ジャンルをつぶすよりも、得意ジャンルに特化したほうがずっといい。

ミナト　好きだからこそ、だれの目も気にせず夢中になれる！

ロダン　そういう人は最強です。勉強でも何でも「親に言われてやる」よりも、「おこづかいアップのためにやる」よりも、単純に「好きだからやる」「おもしろいからやる」人のほうが最後は強い。「もっとうまくなりたい」「あの舞台《ぶたい》に立ちたい」「あの感動をもう一度味わいたい」というのもいっしょで、毎回燃料を投入しなくても、自然とやる気――**モチベーション**と言います――が高まって、何時間でもやっていられるという人は、上達スピードも速いはずです。

ナギサ　でも、1人ぼっちでやり続けるのはしんどいかも……。

ロダン　そういうときは、同じ目標に向かう仲間やライバルの存在が力になります。「あの人に追いつきたい」というあこがれや、「あいつに負けたくない」という対抗心《たいこう》も、やる気に火をつけるガソリンです。「レギュラーになりたい」「全国大会に出たい」「コンクールで優勝したい」という気持ちもモチベーションになるはずです。仲間やライバルたちとの切磋琢磨《せっさたくま》が自分を成長させてくれるからです。

ミナト　レギュラー争いでは部活の仲間が競争相手だけど、大会に出ればチーム戦で、別の中学がライバルになる。

ナギサ　チームスポーツじゃなくて、テニスや卓球のような個人スポーツでも学校対抗の団体戦がありますね。

ロダン　同じ学校、同じチーム、同じ会社のなかでは、1人ひとりの能力や成績に目が向くから、集団のメンバーはそれぞれ個人戦を戦うことになります。でも、別の学校、別のチーム、別の会社と対抗するときは団体戦が中心です。個々の能力をベースにしながらも、チームや集団としての総合力が問われることになります。

ミナト　単純に「1対1」の戦闘《せんとう》能力が高いだけじゃダメで、攻撃《こうげき》と守備のように、チーム内での役割

モチベーション

何か目標があって、それに向けて行動するときの「やる気（のみなもと）」のことで「動機づけ」ともいう。勉強も練習も仕事も、やる気がなければ、望んだ結果は得られない。やる気のみなもとは人それぞれで、お金や名誉のためにやる人もいれば、ノルマを達成しないといけない（義務感）、他人に認められたい（承認欲求）、ライバルに打ち勝ちたい（対抗心）、過去の自分を乗りこえたい（克己心）、目標をクリアしたときの感動や達成感が忘れられない（成功体験）、もっと知りたい（好奇心）、もっとうまくなりたい（成長意欲）、単純に好きだから（趣味）といったものがある。

分担が必要だということですね。

団体戦にはチームプレイが求められる

ロダン　人間は群れをつくる動物で、群れのなかではそれぞれ役割があるから、団体戦になると、いろんなタイプの人が活躍《かつやく》できるようになる。個人戦では目立った成績が残せないという人も、チーム内では自分の居場所がきっと見つかる。レギュラーやサブの選手だけじゃなくて、選手を支えるマネジャーも、戦術やトレーニングメニューを考えるコーチも、用具や練習場の維持《いじ》・管理も、全部結果に影響《えいきょう》するからです。

ナギサ　それは監督《かんとく》や顧問《こもん》の先生の仕事では？

ロダン　高校までの部活だと大人の出番が多いかもしれないけど、大学に入れば、**体育会**や**サークル**の運営は学生が中心になります。トレーニングメニューの考案、日々の練習場所の確保――決まった場所が使えるとは限らないんです――、**インカレ**などの大会運営、活動資金をどうやって集めるかなど、裏方《うらかた》の仕事はいっぱいある。全部ひっくるめて「総合力」の勝負になるんです。

ナギサ　なるほど。

ロダン　会社に入れば、その傾向《けいこう》はもっと強くなります。会社全体として、いかにライバル会社に対抗していくか。対抗できずに大きく負けてしまうと、会社そのものがつぶれてなくなっちゃうかもしれないから、生き残りをかけて、熾烈《しれつ》な戦いがくり広げられています。

ミナト 負けてもなくならない部活とはおおちがいだ！

ロダン 会社が戦っているのは1種類の競技じゃなくて、同時にいくつもの商品やサービスをあつかっているから、「あっちで負けても、こっちで勝つ」「新しいサービスを投入して市場をつくる」「売れなくなったから撤退《てったい》する」「事業部ごと、会社ごと売却《ばいきゃく》する」など、戦い方もさまざまです。そこでは個人プレイよりも部署《ぶしょ》ごとのチームプレイが

た **体育会**

大学における運動部。高校までの運動系の部活のようにほぼ毎日練習があり、上下関係がハッキリしていて、先輩による「しごき」が残るケースも。サークルよりも締め付けが厳しいが、その分、大学から費用や設備面で優遇され、インカレなどの大会で結果を求めている人が多いので、ガチでやりたい人には向いている。上下関係が厳しい「体育会系」で鍛えられた人は就職が有利という「神話」がまことしやかに伝えられており、そのために体育会を選ぶ人もいる。

さ **サークル**

同じ趣味をもつ人たちの同好会。拘束時間が長く、それなりに結果が求められる体育会とちがって、出会いや友だちづくりが目当てのサークルは自由度が高く、活動日も限られる。ゆるいつながりだが、同好の士が見つかれば親友になるかもしれないし、レポートやテスト情報を交換する仲間がいれば心強い。同じスポーツでも友だちとゆるく楽しみたいという人は、サークルを選ぶ傾向がある。

い **インカレ**

インターカレッジの略で大学対抗の競技会のこと。高校間の「インターハイ（インターハイスクールの略）」の大学版。ちなみに、インカレサークルは大学をまたいだサークルのことで、同一大学の学生だけで構成されるサークルとちがって、他大学の学生にも門戸が開かれている。

求められるし、商品やサービス単位でのチームプレイよりも会社としての総合力が求められる。

ナギサ そうすると、1人ひとりに求められる役割や能力もちがってくる?

ロダン そうです。同じ能力をもった人の集団よりも、いろんな能力をもった人のかけ合わせのほうが、さまざまなケースに対応できるようになって、総合力が高まるからです。ゲームの種類が多いだけじゃなくて、チーム対抗という形にすれば、きっとどこかに自分の居場所が見つかります。人間社会は**分業**と**協業**で成り立っているので、組織を強くしようと思ったら、ダイバーシティの方向に行かざるをえないんです。

ミナト 「同じ規格品で構成されたシステムはどこかに致命《ちめい》的な欠陥《けっかん》を持つ」って、**攻殻《こうかく》機動隊**の少佐も言ってた!

「みんな仲良く」は競争を阻害する談合と同じ

ぶ 分業と協業

複数の人が役割を分担したり(分業)、協力しあったりすることで(協業)、1人ではできないことができるようになる。そもそも人間が衣食住のすべてを自分でまかなわなくていいのは、社会全体で分業しているからだし、どんなに大きな仕事でも力を合わせて協業すれば実現できる。分業と協業については、マルクスの『資本論』に出てくる。

こ 攻殻機動隊

士郎正宗によるSF漫画と、それを原作とした一連の映像作品。なかでも押井守監督による劇場版アニメ作品「GHOSTINTHESHELL/攻殻機動隊」は世界的にも評価が高く、ウォシャウスキー姉妹の「マトリックス」などに影響を与えた。「少佐」は公安9課の現場指揮官・草薙素子(くさなぎもとこ)の通称。上のセリフは全身を義体化したサイボーグの集まりである9課にあって、ほぼ生身のトグサの「なぜ自分をメンバーに引き入れたのか」という質問に対する少佐の答え。

ロダン　前回も言ったけど、学校教育では、軍隊や工場のために、同じような人を育てることがよしとされてきました。でも、いまは、命令にしたがって同じ作業を延々とくり返すような単純労働は、どんどんなくなっています。そういう仕事はＡＩ《エーアイ》やロボットがするようになって、人間にはいままで以上に個性が求められるようになったわけです。

ミナト　人とちがうことに価値が出てきた！

ロダン　平凡《へいぼん》な人や平均的な人からは出てこない、従来にないアイデア、画期的な商品やサービスを生み出すには、突出した個性や、さまざまな能力の組み合わせが必要です。そのため、「みんな同じ」であることを強要して1人ひとりの個性をつぶすのではなく、「みんなちがってみんないい」と教える必要があるし、どういう個性の持ち主とチームを組むか、だれとつきあうかが決定的に重要になるんです。

ナギサ　でも、学校では「みんな仲良くしましょう」と言われます。

ロダン　それについては、こんな質問を設定してみましょう。

第17の質問

「みんな仲良くしろ」って言われるけど、ウソっぽくない？　クラス全員と〝親友〟になんか、なれっこないのに。

ミナト　ホント、これ！　別にケンカするわけじゃないけど、全員と同じように仲良くするなんて、ムリだよね。

ロダン　クラスにはちがった個性や考え方の持ち主が集まっているわけですから、話の合う人と仲良くすればいいし、そうでない人とはおたがいの立場を尊重して、うまくすみ分ければいい。だいたい、「みんな仲良く」というのは、裏を返せば、「特定のだれかと仲良くするのではなく、だれとでもうすく広くつきあえ」ってことですからね。

ナギサ　えっ!?　そうなんですか？

ロダン　だって、そうしないと、「みんな同じ」レベルではつきあえないでしょ？　クラス全員のことを深く理解しようと思ったら、とてもじゃないけど時間が足りないし、精神的にも負担が大きい。

ナギサ なんかショックです……。

ロダン うすく広くつきあう相手は、友だちじゃなくて、ただの知り合いです。この人と組みたい、いっしょに何かをなしとげたいと思う相手は、そんなうすっぺらなつきあい方では見つかりません。

ミナト ケンカするくらいの相手のほうが、強い絆《きずな》で結ばれるって、よくマンガに出てきます（笑）。

ロダン それくらい本音で話せるということだからね。親友というのは、「みんな仲良く」とは真逆のところで見つかるものだ。「みんな仲良く」に「順番に」を加えると、みんな仲良く順番に仕事を分け分けするという意味で、**談合《だんごう》**そのものだ。

ミナト ダンゴー？？？

ロダン 税金を使っておこなう公共事業については、オークション（一般競争入札）形式で、最も安い金額を提示した会社に発注することになっています。おたがいに金額がわからない状態で入札すれば、「この仕事はぜひほしいから、がんばって通常の2割引きの金額でいこう」とか、「うちはそこまで困ってないから、通常料金でいいや」といっ

だ　談合

公共事業の競争入札において、入札業者がひそかに話し合いで価格や落札業者を決めること。特定の業者が公共事業を持ち回りで受注することで、業者と役所の癒着《ゆちゃく》を生みやすく、談合に参加しない業者が事実上、公共事業から締め出されるという弊害もある。刑法上の談合罪に当たるだけでなく、健全な競争を妨害したとして独占禁止法違反に問われることも。

相場価格10億円の仕事を決めている「談合」

B社「前回はA社さんだったから、今回はうちの番でいいですか？」

C社「今年はちょっと苦しいので、この仕事があると助かるんです」

B社「じゃあ、今回はC社さんにお譲りします。次回はうちでお願いしますよ」

D社「そういうことでしたら、うちは15億円で入札します」

E社「じゃあ、うちは16億円で」

A社「C社さんは2億円上乗せして12億円でいいですよね？」

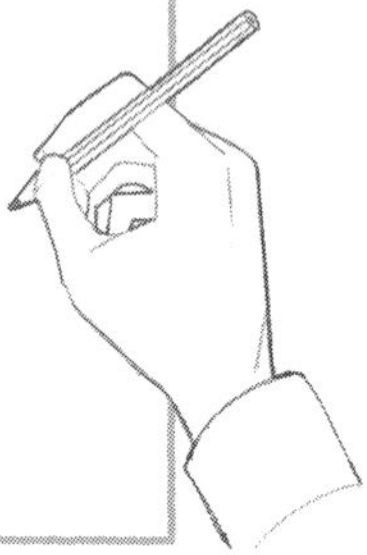

た具合にかけ引きが発生して、結果的に安く発注することができます。でも、入札に参加する会社がひそかに集まって事前に入札価格を決めてしまえば、競争原理は働かない。それが談合です。

ミナト めっちゃずるい！

ロダン ずるいよね。談合がなければ、どうしても仕事がほしい会社は相場の10億円に近い金額で入札したはずなのに、事前に話し合ったことで、入札価格が2億円もつり上げられています。その分、税金が余計に支払《しはら》われることになるから大問題です。だから、談合は法律で禁じられ、違反《いはん》した会社は罰《ばっ》せられることになっています。

ナギサ 公共事業を食い物にする悪徳業者って感じ。

ロダン 談合だけじゃないんです。市場を支配する大企業《きぎょう》同士が裏《うら》で手を組んで不当に価格をつりあげたり、強い立場にあることを悪用して、取引先に不当な要求をのませたりすると、**独禁法**《どっきんほう》がだまっていない。ふつうに競争していれば安くなったはずの商品の値段が下がらなければ、消費者は損するからです。公正な競争を阻害《そがい》する要因については、きびしく取り締《し》まるのが社会のルールなんです。「みんな仲良く」手をつないで競

> **ど　独禁法**
>
> 正しくは独占禁止法。市場を支配する会社同士が結託《けったく》して不当に価格をつりあげたり（価格カルテル）、新規参入業者を不当に排除《はいじょ》したり、優位な立場をかさにきて取引先に不当な要求をのませたりして、公正な競争を阻害《そがい》すると、公正取引委員会（公取委）が乗り出してきて、排除《はいじょ》措置命令を出したり、課徴金を課したりする。大企業同士の合併も、しばしば競争阻害要因として独禁法の対象となる。

争しないのはダメってことだね。

ナギサ　それなのに、学校では「みんな仲良く」って教えてるんですか？？？

ロダン　そうなんです。学校を出れば競争するのが当たり前で、競争のジャマをするだけで法律違反に問われるのに、学校のなかだけ競争よりも「みんな仲良く」「みんないっしょに」「みんな同じ」にすることが求められるのって、おかしいよね。

ナギサ　たしかに。そんなことされたら混乱しちゃいます。

ロダン　クラス全員と仲良くするというのは、「だれとも深くつきあうな」というだけじゃなく、「だれとも競争するな」という意味でもある。でも、それでは世の中をわたっていけないんです。むしろ、いっしょに何かをする友だちはちゃんと選ぶべきだし、友だちになれない人とは、うまくすみ分けるべきなんです。

ミナト　友だちの数が多ければ多いほどいい、なんてことはない？

ロダン　むしろ、本当の友だちは数えるくらいしかできないはずです。そういう友だちをつくれるかどうかが重要です。大人になると「**人脈**が大事」といろんな人から聞かされると思うけど、どんな会社に就職するかよりも、どんな仕事に従事するかよりも、だれと仕事をするかが決定的な意味をもちます。

じ　人脈

人と人とのつながりのことだが、名刺交換しただけ、SNSでつながっているだけの「知り合い」が多くても、たいした意味はない。むしろ、仕事ができる人、会社や業界のキーパーソンとつながっているか、仕事をお願いできる立場にあるかが重要で、そういうつながりをとくに人脈と呼ぶ。

自分の能力をとことん引き出してくれる人に出会えたら、その仕事も、そのあとの仕事人生も、成功したも同然です。

ナギサ　そういう人に早く出会いたい！

学校が「個性が大事」と強調するのは没個性的な集団だから

ロダン　ちなみに、学校がやたらに「みんな仲良く」「みんないっしょに」を強調するとしたら、その学校の生徒がバラバラで、全然まとまりがないことが問題になっている可能性が高い。授業中に立ち歩く子がいっぱいいて学級崩壊《ほうかい》が起きていたり、いじめがひどくて不登校になる子がたくさんいるような学校では、「みんな仲良く」「みんないっしょに」してもらわないと、学校側が困る。だから、それを強調するわけです。

ナギサ　え〜、なんかひどい。

ロダン　逆に、「個性を大事に」を強調するのはたいてい進学校です。入試をクリアしてきたことで、同じような学力をもち、似たような家庭環境で育った生徒が集まるからこそ、「個性を大事に」「自由な校風」をうたうわけです。そうしないと、同質的で没個性《ぼっこせい》的な集団になりがちだから。

ミナト　あえて逆を言ってるわけだ！

ロダン　そのとおりです。地元の公立小・中学校は放っておくとバラけちゃうから、「みんな仲良く」とくり返しすりこむ必要があるし、進学校は同じような生徒ばかりで同調圧力がキツイから、「個性が大事」とくり返しすりこむわけです。そういうわけで、校長先生が口にするスローガンの逆を読まないといけない。「みんな仲良く」と言ってるということは、むしろ、そのままではバラバラになってしまうくらい多様な生徒が集まっているから、学校としてはおさえつけないとうまくクラスを運営できないということです。

ナギサ　進学校ほど校則がゆるくなるのはなぜだろうって思ってましたが、その疑問が解けました！

ロダン　学校が「個性を発揮しろ」「自由にやれ」と言うようになったら、逆に危機感をもたなければいけません。それくらい同調圧力が強いということだから。「自由にやれ」というのは、ちっとも自由じゃないから強調されているんだというふうに読みかえる必要があります。ぼくはこれを、社会に出て10年くらいたってから気づきました。

ナギサ　そうなんですね！

ロダン　ルールはつねに一定なわけじゃなく、成長のステージによって変わります。ルールがまだ身についていない子に対しては、「みんな仲良く」「みんな同じ」と強調するし、ルールが身について、きっちり守りすぎる子に対しては、「個性が大事」「もっと自由に」

と強調する。大人の言うことがコロコロ変わるというよりも、みなさんの成長に合わせて、守るべきルールが変わるってことじゃないかと思います。

ミナト　なるほど。なんか納得しちゃいました（笑）。

競争は「悪」なのか？

ロダン　ここで「競争」について、もう少し掘り下げてみましょう。昔ここに来てた人で、こんなことを質問してくれた子がいました。

第18の質問

自分は何をやっても下手クソで、いつもビリ。だれとも競争なんかしたくないのに、なんで順位をつけなきゃいけないの？

ミナト　何をやっても負けてばかりだと、たしかに心が折れるかも……。

ナギサ　序列をつけるための競争なんか、最初からなければいいのに、と思うこともあります。

ロダン　そう考える人もたしかにいます。でも、競争がないと、多くの人は成長を止めてしまうかもしれません。やってもやらなくても結果がいっしょなら、やらないでラクしちゃおうと考えるのが人間だからです。なんでもラクなほう、ラクなほうに流れていってしまうと、何かをマスターするのはむずかしいし、この分野ではだれにも負けないと自信をもって言えるものも、なかなか手に入らないんじゃないかな。

ミナト　すぐにサボりたくなっちゃう（苦笑）。

ロダン　競争を「悪」と考える人たちは、心のどこかで「みんな同じ」になることが「善」だと信じています。でも、「みんな同じ」であることを強調しすぎると、そこからあぶれてしまった人たちを排除《はいじょ》するいじめの論理につながるし、個性や多様性まで否定されてしまう。それよりも、「みんなちがってみんないい」社会のほうが、だれも排除されることなく、生きやすいのではないかと思います。

ナギサ　でも、競争も度が過ぎると、相手を追い落とそうとする人が出てきます。

ロダン　だから、たった1つの基準で全員が競争するのではなく、さまざまな価値観が共存し、多様なゲームですみ分けるのがいいんです。競争を否定するのではなく、むしろ、より小さな競争のフィールドをたくさんつくる。そうすれば、おおぜいの人が活躍《かつやく》できるし、一番になる達成感も味わえ、さらにやる気が出てくるはずです。

ミナト　競争すること自体が悪いというより、競争が1つしかないことのほうが問題ってこと？

ロダン　そうです。これは、どういう社会が望ましいかという価値観の問題です。競争があって浮《う》き沈《しず》みはあるかもしれないけど、活気にあふれた社会がいいか。それとも、同じくらいの生活水準の人たちが暮らす、安定しているかもしれないけど、変化にとぼしい社会がいいか。

ミナト　おれはワクワクがないのはイヤだなあ。

チャンスはだれにも「平等」にあたえられるべき

ロダン　そういう人は、自由な競争こそ何より大事だと考えます。競争が健全におこなわれるためには、だれに対してても平等にチャンスがあたえられることが重要で、「**機会の平等**」がキーワードとなる。固定した身分はもちろん、性別や人種、国籍《こくせき》、住んでいる地域の文化レベル、障害の有無など、本人にはどうしようもない条件によって、最初から競争に参加でき

き　機会の平等

「チャンスは平等にあたえられるべき」という立場で、機会均等ともいう。身分や家柄、国籍、人種、性別、思想信条などによって同じスタートラインに立てないことこそ不公平だと考える。いったん競争がスタートすれば、あとは本人次第だから、うまくいけば「勝ち組」の仲間入りすることができるが、競争に負けた人たちが「負け組」として固定され、そこから抜け出せなくなってしまうと、社会の活力は失われ、不満をもった人たちによるストライキや暴動が起きやすくなる。

ないのは不公平でしょ?

ナギサ　生まれながらのちがいによって、特定の高校や大学を受験できなかったり、入りたい会社に就職できないとしたら、すごく不公平だと思います。

ロダン　だから、できるだけ多くの人がスタートラインに立てるようにする、というのが「機会の平等」の考え方です。スタートラインに並ぶまでは、できるだけ条件をそろえるけれど、いったんスタートを切ったら、そこから先は自由競争で、個人の能力や努力や才覚次第。ときには運を味方にする必要もあるかもしれない。

ミナト　「よーい、ドーン」でいっせいにスタートしたら、あとは本人次第っていうのはすごくわかりやすいし、「平等」っ

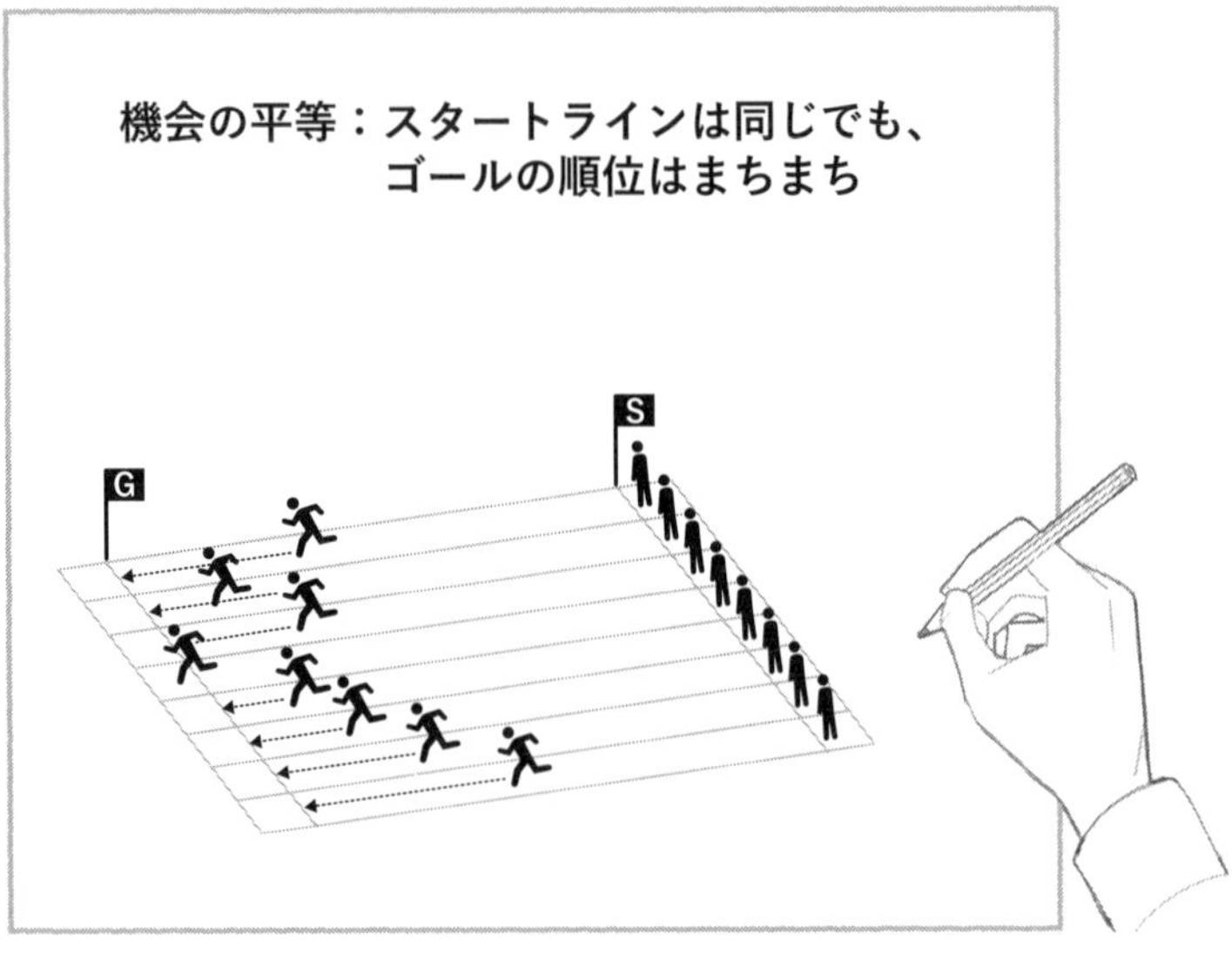

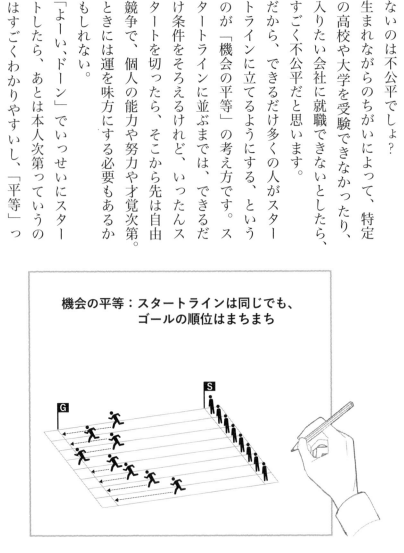

て気がする。

ロダン　機会は平等だけど、そこから先は自由競争だから、結果として勝者と敗者が必ず生まれます。それ自体は悪いことでもなんでもなくて、負けてしまった人は、もっと自分を生かせる別のレースに参加すればいいだけなんだけど、なかには、レースに勝ったことを自慢して、「おれたちのほうがエライんだ」と負けた人を見下したり、バカにしたりする人がいるから話はややこしくなるわけです。

ナギサ　たまたま自分の得意分野だから競争に勝てただけなのに……。別の種目の競争なら、その人はきっと負けてたはず。

ロダン　そのとおり。だから、得意不得意で「すみ分け」て、多くの種目で競争がおこなわれることが大切なんです。たまたま１つのレースで勝ったからといって、ひとにぎりの勝者だけが「富」を独占《どくせん》して、あとは全員「負け組」として生きていかなければいけないとしたら、あまりに不公平だし、そんな社会では、多くの人がやる気をなくしてしまうでしょう。

勝ち負けよりも「みんな同じ」ほうが安心する

ナギサ　そう考えると、わたしは、浮き沈みの激しい社会よりも、安定した社会のほうが好きかもしれません。

ロダン 過度な競争よりも、みんなで足並みをそろえたほうが安心できるし、心地よいという人は、「機会の平等」よりも「**結果の平等**」を重視しているとも言えます。「みんな同じ」なら、はじめから格差もないから、結果として平等が実現するという考え方だね。

ミナト 足のおそい子に合わせて「みんないっしょ」にゴールすれば、たしかに平等っぽく見えるけど、足の速い子はかわいそう。

ロダン 運動会というのは、勉強はあまり好きじゃないけど足の速い子にとっては「晴れの舞《ぶ》台《たい》」のはずなのに、「みんないっしょ」にゴールするために、自分の特技をみんなに見てもらうチャンスさえあたえられないとしたら、理《り》不《ふ》尽《じん》だよね。

ミナト かけっこでヒーローになれるはずだったのに！

ロダン だから、要はバランスの問題なんです。競争が激しすぎると、それに負けてしまった人たちがやる気をなくしてしまう。かといって、競争をやめてしまうと、今度は平均よりもできる人たちがやる気をなくしてしまう。

ナギサ だから、「すみ分け」が必要なんですね。

け 結果の平等

「みんな同じ」をよしとする立場。競争によって勝者と敗者のあいだに「格差」が生まれることこそ不公平だと考える。落ちこぼれを生まないように、足並みをそろえることを強調するため、どうしても平均の少し下くらいのレベルが基準になってしまう。できる子にとってはつまらないし、「やっても評価されない」とわかれば、だれも努力しなくなる。成長にブレーキがかかり、結果的に平均よりも下のレベルで安定する。これが「悪平等」で、突出した個性が出にくくなり、経済発展の妨げになりやすい。

競争がないとみんな平等に貧しくなる

ロダン くり返しになるけど、競争そのものを否定してしまうのはよくない。競争があるから、一番乗りを目指して、さまざまなアイデアを商品化する人たちが出てくるし、競争があるから、商品やサービスがどんどん安く、どんどん便利になるわけで、社会の発展は競争によるところが大きいんです。

ナギサ でも、ひとにぎりの人しか勝者になれない競争だけだと、多くの人は幸せになれないんですよね。

ロダン そうです。だから、いろんな種類の小さな競争が、あちこちでくり広げられて、そこかしこに小さなチャンピオン

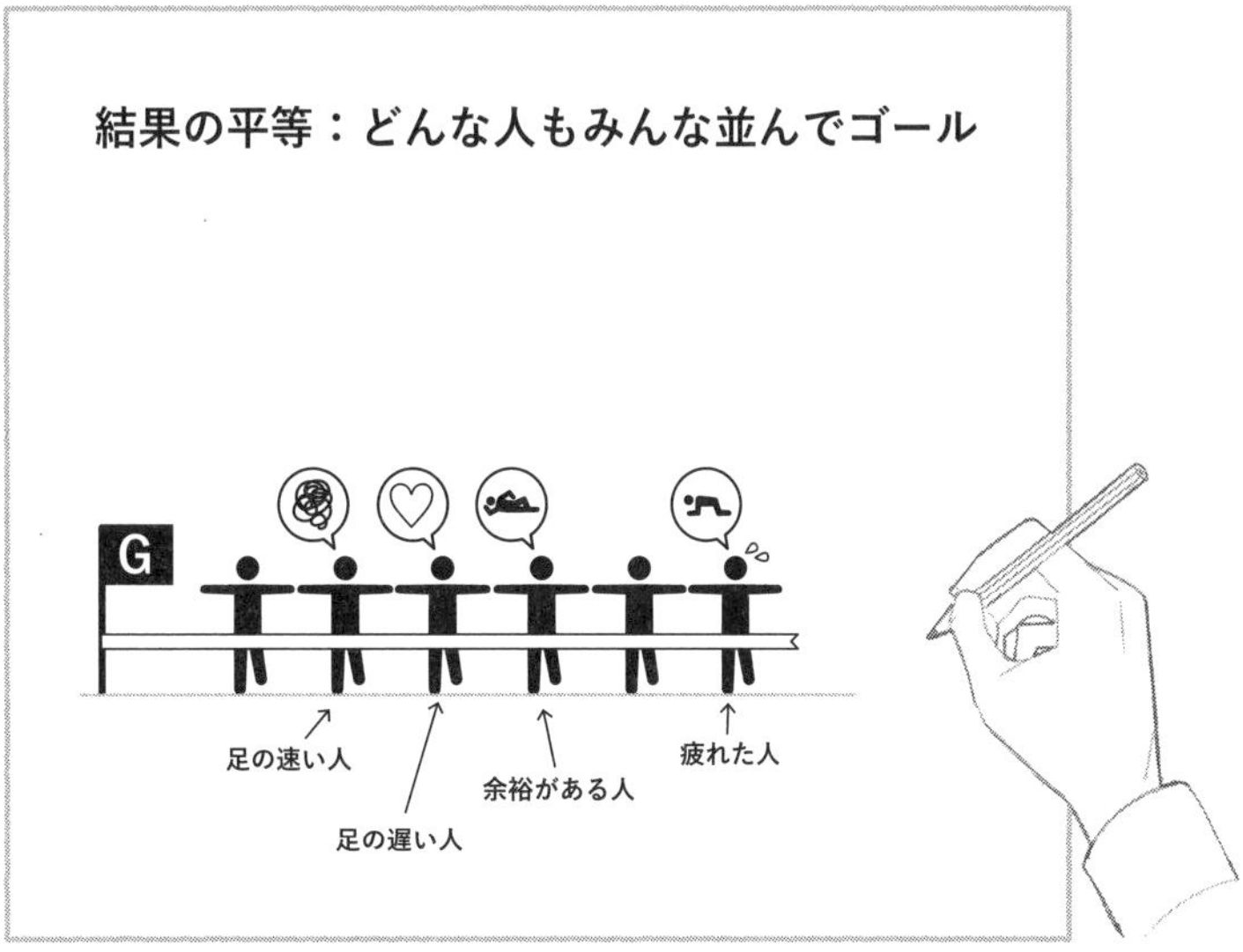

がいる。そういう社会が健全なのではないかと思います。

ミナト 逆に、競争がないと、世の中は停滞《ていたい》してしまう。

ロダン 競争がほとんどない無風状態に長くさらされていると、人間はなまけグセがついてしまって、成長意欲が失われます。がんばっても評価されず、やってもやらなくても結果が同じなら、投げやりになってもしかたないし、落ちこぼれを出さないように平均より下にレベルを合わせるから、その積み重ねで、どんどんレベルが下がってしまう。競争を否定して「結果の平等」を強調しすぎると、みんな平等に貧しくなりかねないわけです。

ナギサ 平等に貧しくなるってどういうこと？

ロダン 基本的に無風状態が続くので、世の中は安定しているように見えるんだけど、全体として、少しずつ貧しくなっていくイメージです。急激に景気が悪くなるわけじゃなくて、ゆっくり時間をかけて少しずつ悪くなっていくので、ふだんはほとんど気づかない。でも、10年単位でふり返ってみると、世間のそこかしこに、貧困の芽が育ってきているわけ。

ナギサ 最初の日に、この30年間で「日本人が貧しくなった」と聞きました。

ロダン まさにそれです。日本全体が貧しくなったのは、もしかしたら、結果の平等を重視しすぎて、競争を活発にすることをおこたってきたことにも原因があるかもしれません。

まわりを見れば「みんな同じ」だから、油断してたのかもしれないけど、そういう人が見ているのは国内だけで、外国に目を向ければ、多くの国がこの30年で給料が何倍にもなっているわけです。

ナギサ それを聞いて、かなしくなりました。

ロダン 日本が貧しくなったことを実感できるのが、東村アキコさんのマンガ『**東京タラレバ娘《むすめ》**』です。2014年に連載《れんさい》スタートした「シーズン1」では、東京オリンピックを1人きりで見るのはイヤだと意気投合したアラサー女子3人が、男をゲットするために奔走《ほんそう》するんだけど、まだそこかしこにバブルの余韻《よいん》が残ってました。1人はシナリオライターで、表参道のマンションに住んでいる。2人めは同じ表参道でネイルサロンを経営していて、もう1人は裏原宿の居酒屋の一人娘という設定で、いつもその居酒屋に集まって大酒を飲みながら、「あぁでもない、こうでもない」と男選びに余念がない。まだギラギラしてるわけです。

ナギサ なんだか華《はな》やかな感じがしますね。

と 『東京タラレバ娘』

東村アキコによるマンガ(講談社)。「今よりキレイになったら」「その男のこと好きになれれば」という架空の「タラレバ話」をしているうちに婚活に出遅れたアラサー女子3人組が、6年後に開催予定の東京オリンピックまでに男をゲットするぞと誓い、仕事に恋に奔走するドタバタ喜劇。

と 『東京タラレバ娘シーズン2』

東村アキコによるマンガ(講談社)。夢も希望もないけど不満もない、彼氏も好きな人もいない、という「ないないづくし」の30才フリーター・廣田令菜の恋(?)のゆくえ。時代は令和に変わり、作者本人が「私の世代では理解不能」という25~30才くらいの女子のリアルな生態を描いている。

ロダン　ところが、２０１９年に連載スタートした「**シーズン２**」の主人公は、ギリ昭和生まれのフリーターです。実家にパラサイト（寄生）していて、休日は自宅でネットドラマを見ながら、コンビニのスイーツを食べるのが幸せで、いまの生活にとくに不満はない。ところが、30才になったときに、小学6年生のときに埋《う》めたタイムカプセルを開けてみてビックリ。そこには「結婚《けっこん》して楽しい家族を作って楽しくくらす。おまえならできる!!」と書かれていたんです。

ナギサ　アハハハハ（笑）。

ロダン　もちろん、全然実現できてないわけです（笑）。そこから物語が動き出すんだけど、この2作を読み比べると、がく然とします。わずか5年のちがいで、ここまで生活感がちがうのかと。男選びもギラギラしてたのが、シーズン2ではあっさりしていて、欲そのものがものすごく希薄《きはく》になっています。

ナギサ　話を聞いた限りでは、シーズン2のほうが感覚的にしっくりくる気がします。

ロダン　そうでしょ。だからぼくは、こういうコミックを読んで、あなたたちのような若い人のことを理解しようと努力しているんです（笑）。

ミナト　ロダン先生もたいへんだ～（笑）。

貧富の差が目に見えにくくなっている

ロダン　初日は親のこと、2日目は学校のことを中心に話をしましたが、今回は、あなたたちの同級生、クラスや部活、塾《じゅく》などでいっしょになる人たちと比べたときに、「同い年なのにずるい」と思うようなテーマを取り上げてきました。そうすると、さけて通れないのが「経済格差」の問題です。以前、うちに来ていた中学生から、こんな相談を受けました。

第19の質問

塾代が高くて払えないと親に言われた。みんな塾で勉強してるのに、これじゃ最初から勝負にならないと思う。

ロダン　「格差」という言葉が入っていることでわかるように、これは単なる「差異」ではなく、持てる者と持たざるものの「格差」そのものです。

ナギサ　でも、子どもにはどうしようもないですよね。それこそ親は選べないわけで。

ミナト　だけど、自分の親がお金持ちかどうかで、子どもの運命は大きく変わるよね？

ロダン　2つの面があると思います。1つは、親は選べないわけだから、あたえられた環境のなかで自分なりに努力するしかないということ。もう1つは、経済的な格差はたしかにあるけれども、それをうらやましがったり、お金持ちの子の足を引っ張ったりしても、自分の状況が改善されるわけではない、ということです。

ミナト　ねたんだからといって、自分のうちがお金持ちになるわけじゃない。

ロダン　本当に家が貧しくて、親がちゃんと面倒を見てくれない、ごはんも満足に食べさせてもらえないという場合、それはネグレクトの問題だから、近くの大人に助けを求めてください（82ページ参照）。ここで取り上げたいのは、もっと相対的な貧困、かくれた貧困の問題です。

ナギサ　かくれた貧困って？

ロダン　学用品が買えないほど収入が少ないわけではないし、いまどきはみんなユニクロやジーユーの服を着てたりするから、外見からはほとんどそれがわからない。では、どこがちがうのかというと、放課後に塾に通っているとか、家にパソコンがあるとか、家に電子ピアノがあってピアノを習っているとか、そういうところに差が出てくるわけです。

ミナト　コロナでオンライン授業をしなくちゃいけないというときに、家に**Wi-Fi**《ワイファイ》があるか

　どうかが問題になった。

ロダン　自宅にWi-Fiがない、スマホでつなごうにも契約《けいやく》によっては**ギガ**が足りず、通信速度がおそくなって使い物にならない、という家庭が出てきた。親の年収はすぐには変えられないから、必要な人には、Wi-Fi接続機器を貸し出したりする必要がありました。自宅にWi-Fiを引けないからって、授業が受けられないのは、それこそ不公平だからです。

ナギサ　勉強する機会は平等でなければいけないってことですよね！

ロダン　そのとおり。ただ、公立学校の授業については「機会の平等」を実現できたとしても、家庭学習ではそうはいきません。経済的に余裕《よゆう》のある家庭は、小学1年生から個人指導塾《じゅく》に入れたりします。1人ひとりの学習進度に応じて、教材もきめ細かく分かれているし、ここができていないというときは、そのまま放置せずに、できるようになるまで面《めん》

わ　Wi-Fi

LANケーブルなしでインターネットにつながる無線LAN（ローカルエリアネットワーク）のこと。本来は、IEEE802.11という国際標準規格を使って相互接続可能だと認められたデバイスにあたえられる登録商標だが、「バンドエイド」という商品名が「絆創《ばんそう》膏《こう》」の一般名称として使われるように、「Wi-Fi」といえば「無線LAN」を指すようになった。

ぎ　ギガ

ギガはギガバイト（GB）の略で、本来はデータ量を表す単位だが、毎月のスマホの通信量が2ギガまでなどと決められている契約が多いため、通信量の上限を指すようになった。「ギガが減る（通信残量が減る）」「ギガが足りない（通信量の上限に達して通信速度が遅くなる）」のように使われる。「ギガ放題」のような通信量無制限のサービスもあるが、料金は高め。

倒《どう》を見てくれます。

ナギサ　わたしも塾に通ってました。

ロダン　そういったものまでおりこんで教育が成り立っている現状があります。私立の小学校はもっとはっきりしていて、学校は生活面のケアはするけれども、勉強は家庭でお願いします、というケースもある。子どもの成績が落ちると、すぐに保護者が呼び出されて、「ご家庭できちんとお子さんの勉強を見ていますか？」と言われてしまう。親はビックリして、あわてて塾に入れるというわけです。その意味で、小学校の段階、もっというと、保育園や幼稚園《ようちえん》の段階から、学力と親の経済力は連動しています。

ミナト　小学校に入る前から？？？

保育園・幼稚園時代から始まる教育格差

ロダン　たとえば、ひと口に保育園といっても、その実態は3つに分かれます。中心になるのは**認可保育園と認証保育園**で、入園できる子どもの数が決まっているから、大都市を中心に、順番待ちの列が続いていて、限られた入園枠《わく》をめぐって、毎年お母さん、お父さんが奔走《ほんそう》しています。

ナギサ　保育園に入れるだけでもたいへんだって聞いたことがあります。

ロダン　残念ながら認可・認証保育園に入れなかった人は、**無認可の保育サービス**を受けることになります。ただ、この無認可保育も大きく2つに分かれていて、1つは、文字どおり認可・認証保育園の枠にもれてしまった人たちの「かけこみ寺」として、ふつうの子をあずかるんだけど、もう1つ、あえて認可・認証保育園に子どもを入れないお金持ち向けの保育サービスというのがあります。

ミナト　へえ～！

ロダン　通常の保育園ではやりきれないハイスペックな保育を提供するから無認可なんですね。そういうところでは、食事は栄養士がつくっているし、外国人の保育士がいたり、**モ**

に　認可保育園と認証保育園

国が定めたさまざまな条件をクリアして都道府県から認可を得たのが認可保育園で、親の所得に応じて保育料も決まっているが、入園するためには両親ともフルタイムの仕事に就いている必要がある、延長保育の時間が短く、残業が多い職場では利用しにくいなどの制約がある。待機児童を解消する目的で、大都市の自治体を中心に独自ルールで認証するのが認証保育園で、窓口は自治体の保育課ではなく、各保育園に直接申し込む必要がある。認可保育園に比べて入園資格はゆるやかだが、保育料などは施設ごとにちがうので要注意。

む　無認可の保育サービス

都道府県や自治体から認定·認証を受けていない保育サービスの総称。休日や夜間も保育を受け付けるなど、親のニーズに合ったサービスを提供している施設も多いが、保育料もふくめて自由度が高い分、玉石混交な面があるので、利用にあたっては直接見学するなど下調べが必要だ。

も　モンテッソーリ教育

イタリア人医師マリア·モンテッソーリが提唱した教育法で、日本ではおもに幼児教育の分野で普及している。教具と呼ばれる知育玩具を使った自主的な学びが重視され、子ども自身の知りたい心、やりたい気持ちを尊重して、教師はそれを見守るのが基本。年令の異なる子どもが同じクラスで学ぶため、大きい子が小さい子に教えるなど、思いやりや社会性が身につくとされる。

ンテッソーリ教育を実践《じっせん》したりしている。天才棋士《きし》の藤井聡太《そうた》がモンテッソーリ教育で育ったと一時期、話題になってたね。

ナギサ　聞いたことあります！　いろんな道具を使って遊ぶのが主体なんですよね。

ロダン　そうやって子どもの自主性を育て、集中力を養うことをねらっているんだよね。で、そういうところは、たとえば園が休みの日曜日に、両親がいそがしくて子どもの面倒《めんどう》を見られないというときは、園の先生を派遣《はけん》してくれるサービスがあったりする。ベビーシッターさんではなく、先生が来てくれるということで、親にとっても子どもにとっても安心です。

ミナト　すごく手厚いサービス。

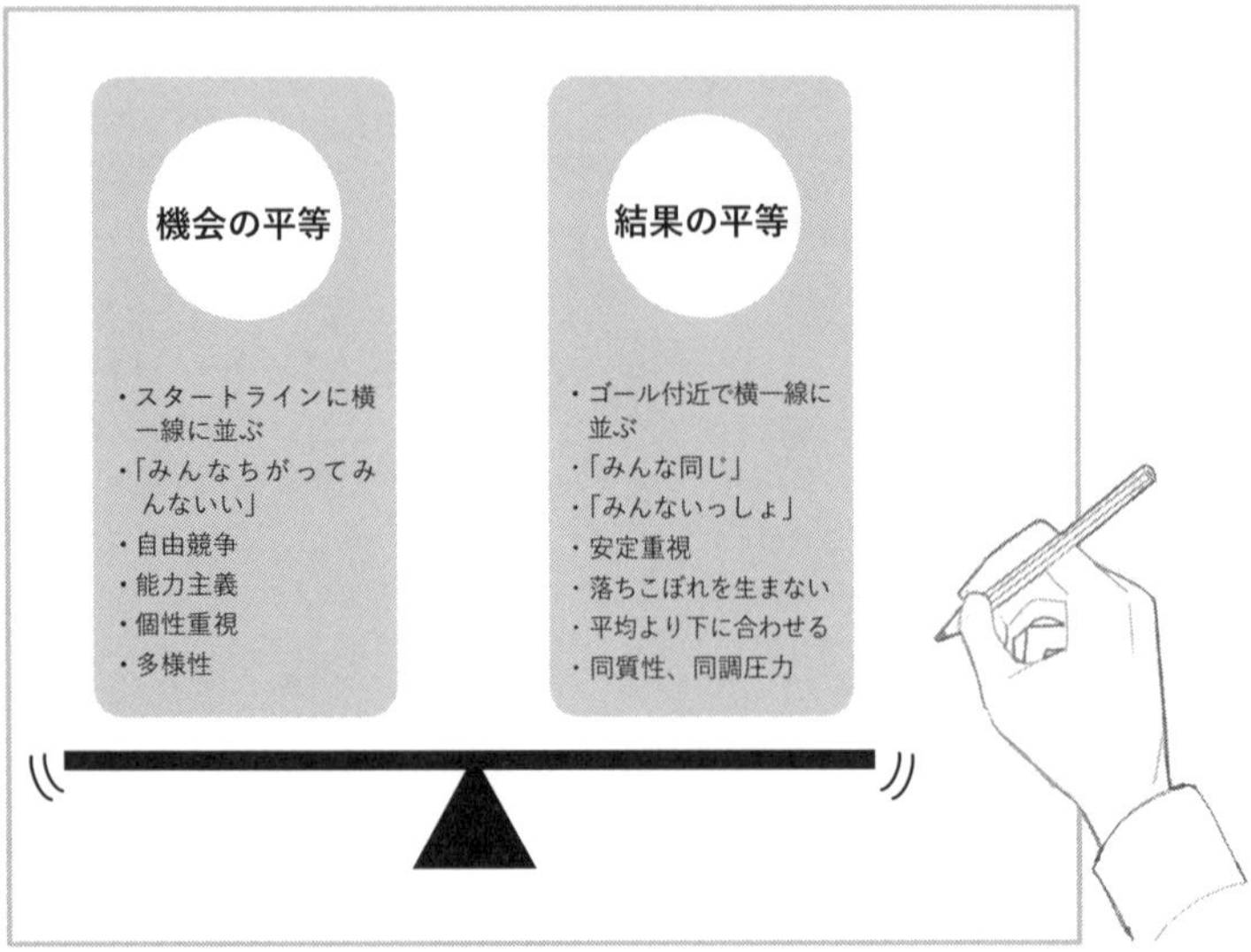

機会の平等
・スタートラインに横一線に並ぶ
・「みんなちがってみんないい」
・自由競争
・能力主義
・個性重視
・多様性
結果の平等
・ゴール付近で横一線に並ぶ
・「みんな同じ」
・「みんないっしょ」
・安定重視
・落ちこぼれを生まない
・平均より下に合わせる
・同質性、同調圧力

ロダン　それだけ手厚いから、当然お金もそれなりにかかります。とくに手のかかる0～2才児くらいだと、月20万円以上することもある。年間でおよそ２５０万円。子どもが大きくなると少し下がるけど、それでも年間２００万円。保育園にこれだけ払《はら》える親は、やっぱり高給取りに限られます。

ナギサ　なんか、ずるい……。

ロダン　小学校に上がる前から、教育格差がはじまっているとすると、「機会の平等」はすでに崩《くず》れていることになります。この状態を変えたかったら、親の年収格差を縮めていくしかない。そのためには、お金持ちからたくさん税金や**社会保険料**を徴収《ちょうしゅう》して、お金のない人に回す「**再分配**」の機能を強化する必要があります。

ミナト　それって「結果の平等」的な発想ですよね？

ロダン　そのとおりです。結局、どういう世の中が望ましいか、という価値観の問題に帰着するんです。「機会の平等」と「結果の平等」のどちらを優先したほうがいい

し　社会保険料

万が一のときのための国が用意した保険のこと。年をとって働けない人に「年金」、病気やケガをした人に「健康保険」、失業して収入がない人に「雇用保険」、勤務中や通勤中の事故で働けない人に「労災保険」、介護が必要な人に「介護保険」が支払われるのは、現在働いている人とその雇用主が年金や保険料を納めているから。会社員の場合は税金と同じく給料から天引きされる。

さ　再分配

国が、収入の多い世帯からより多くの税金や社会保険料を集め、それをより収入の低い世帯のために使うこと。貧富の差を解消し「結果の平等」に近づけるための国の重要な機能の1つだが、国がいったんお金をプールし、それをどこにどれだけ分配するかを決めるため、国（政治家や役人）の権力が強くなりがち。

かは、その時その時の社会情勢によって変わってくる。どちらか一方だけが正解なわけではないのです。だから、片方にかたむきすぎたときは、ゆりもどしが起きて、もう一方のほうがいいという人がふえてくる。そうやって、そのつど最適なバランスを探っていくのが「唯一《ゆいいつ》の正解」なのかもしれません。

努力すれば格差はこえられるという「自己責任論」の危うさ

ロダン 生まれ育った家庭環境に差があることは、残念ながら、どうしようもないし、受け入れるしかない。だから、あたえられた環境でできることを自分なりに見つけてがんばっていくしかないんだけど、そのことを強調しすぎると、まちがった「**自己責任論**」のワナにハマってしまう。

ミナト どういうこと？

ロダン それを説明するために、1冊の本を紹介します。佐藤紅緑《こうろく》の『**あゝ《ああ》玉杯《ぎょくはい》に花うけて**』という戦前の小説で、「**少年倶楽部《くらぶ》**」という月刊少年誌

じ　自己責任論

「自分の行動が引き起こした結果はすべて自分の責任」とする考え方。これが転じて「いまの自分があるのはすべて自分の行動の結果=自己責任」となると、「自分が金持ち／貧乏なのは、過去の自分の行動の結果=自己責任」となってしまう。金持ちか貧乏かは家庭環境によるところが大きく、自分では選べないにもかかわらず、「貧しいのはその人自身に問題があるから」という自己責任論が広まると、格差は解消されずに残ってしまう。一方、「困ったときはおたがいさま」という助け合いの精神が世の中に浸透していたほうが、格差を解消しようという機運が出やすくなる。

の人気連載《れんさい》でした。まだコミック専門誌がなかった時代で、「少年倶楽部」はいまの「週刊少年ジャンプ」のような人気雑誌だったわけです。

ナギサ みんな読んでたってことですね？

ロダン テレビもインターネットもない時代で、娯楽《ごらく》も少なかったから、多くの少年たちが回し読みしていたはずです。主人公のチビ公は頭がよく、小学校時代は首席だったのに、家が貧乏の母子家庭で、みんなと同じ浦和中学校（**旧制中学校**）。現在の埼玉県立浦和高校）に行けずに、豆腐屋《とうふ》で働いています。いじめっ子の巌《いわお》も、仲良しだった光一も中学生になれたのに、家が貧乏というだけでスタートラインからちがうわけ。

さ 『あゝ玉杯に花うけて』

佐藤紅緑の著作。母子家庭で育ったチビ公（青木千三）の成績は優秀だったが、毎朝バイトで豆腐の行商をするほど貧困にあえいでいた。裕福な家庭で育った親友の柳光一は父親に相談し、千三の学費を負担しようと申し出るが、千三はそれを断り、努力の末に逆境をはねのけ、旧制第一高等学校（東大教養学部の前身）に合格する。ちなみに、書名は旧制一高の寮歌による。

し 少年倶楽部

大日本雄弁会（現在の講談社）が大正時代に創刊した少年向け月刊誌で、戦前の最盛期には75万部の部数を誇った。戦後は「少年クラブ」と名を変えた。大仏《おさらぎ》次郎の人気シリーズ『鞍馬天狗』の少年版『角兵衛獅子』、江戸川乱歩の探偵小説『怪人二十面相』や『少年探偵団』、田河水泡のマンガ『のらくろ』などが紙面を飾った。

き 旧制中学校

戦前にあった男子専門の5年制の中等教育学校で、ほぼ現在の中学・高校に当たる。義務教育ではなかったため、旧制中学への進学率は10%程度で、エリート専門の進学校という位置づけだった。女子に対する中等教育は高等女学院でおこなわれた。義務教育が中学校までとなったのは、学校教育法ができた戦後から。

ナギサ　公立中学なのに。

ロダン　といっても、当時はまだ義務教育じゃないからね。で、チビ公は中学には行けなかったけど、めげずに努力を重ね、元官僚《かんりょう》の黙々《もくもく》先生が教える私塾《しじゅく》で一生懸命《けんめい》勉強して、ついに光一と同じ旧制第一高校（現在の東大教養学部）に合格する。それで、いっしょに一高の寮歌《りょうか》「あゝ玉杯に花うけて」を歌うというサクセスストーリーです。

ナギサ　ハッピーエンドでよかったです。それのどこが問題なの？

ロダン　努力は報われる、育った環境のちがいは努力次第で乗りこえられるというのは本来、ポジティブなメッセージです。でも、黙々先生はこんなことも言っています。「力はすべて腹からでるものだ、西洋人の力は小手先からでる、東洋人の力は腹からでる、日露《にちろ》戦争に勝つゆえんだ」「学問も腹だ、人生に処する道も腹だ」。これって典型的な精神論、根性《こんじょう》論だよね。

ミナト　むかしの**スポ根**マンガみたい。

ロダン　何か大きなことをなしとげるには、もちろん、努力は必要だ。だけど、それも程度問題で、「努力すればなんでもできる」「できないのは根性が足りないからだ」という精神論が行きすぎると、「竹やりで敵の爆撃機《ばくげき》

す　スポ根

「スポーツ+根性」の略語で、当初それほど実力のなかった主人公が努力と根性でめきめきと力をつけ、やがて強力なライバルを打ち負かすという成長物語を指す。過酷な練習に耐えぬく不屈の精神さえあれば、どんな困難にも打ち勝てるという思想が根底に流れる。天才型のライバル、物理法則を無視した荒唐無稽《こうとうむけい》な技、主人公をいじめ抜く体罰教師や頑固な父親などが特徴で、梶原一騎原作、川崎のぼる作画の『巨人の星』がとくに有名。

に対抗できる」という戦時中のバカげた発想につながりかねない。

ナギサ 努力や根性ではどうしてもこえられない壁《かべ》もあると。

ロダン それに、自分の得意分野で努力するから結果が出やすいのであって、不得意分野でいくら努力しても、思ったような成果は得られないかもしれない。にもかかわらず、努力次第でなんとかなる、ということが強調されすぎると、「できないのは努力が足りないからだ」という、まちがった自己責任論におちいりがちなんです。

ミナト できないのは、環境の差や、そもそもの適性のちがいが原因なのに。

ロダン 「あなたが貧しいのはあなた自身のせいだ」「努力が足りないからだ」という自己責任論は、格差を解消するどころか、むしろ固定する方向に向かいがちです。一方、「あなたが貧しいのはあなたのせいではなく、たまたまそういう環境にいるからだ」という前提に立てば、「困ったときはおたがいさま」という助け合いの精神が発揮されやすくなります。

ナギサ あ、いいですね、その助け合いの精神！

ロダン 世の中の「勝ち組」にとっては自己責任論は都合がいいかもしれないけど、いつ事故にあったり、病気になったりして仕事ができなくなるか、いつ仕事を失って「負け組」の仲間入りするかなんて、だれにもわからない。そんなとき、「それも自己責任だから」とだれも手をさしのべてくれなかったら、どうだろう？

ナギサ　自分のせいじゃないのに、って思いそう。

ロダン　そうでしょ？　きっと以前の自分を後悔《こうかい》するんじゃないかと思います。自己責任論はいつだって、それを口にした人にブーメランとなって返ってくる可能性があるんです。そのことを忘れないようにしたいものです。

ロールモデルと選択肢が少ない「地方」の現実

ロダン　同じように「自己責任」とはとても言えない格差に、都会と地方の情報格差があります。以前、ここに来てくれた人のなかに、地方出身の子がいて、こんななやみを打ち明けてくれました。

第20の質問

都会の子は進学先も選べるし、情報もあふれててうらやましいです。私の地元にはそんな選択肢はなかった。

ロダン 東京に住んでると気づかないかもしれないけど、都会と地方の情報格差って、地方在住者にはけっこう切実な問題なんです。地方には地方のエリートコースがあって、地元の国立大学に入って、県庁か市役所か、地元の地方銀行に就職するというモデルしか知らないという人が少なくない。そういう人が東京の大学に入ると、それ以外の選《せん》択肢《たくし》がこんなにたくさんあるんだとビックリして、地元に帰りたくなくなる、というのは実際によくあることです。

ナギサ 生まれた県によって有利不利があるなんて、考えたこともありませんでした。

ロダン その地方にしか知り合いがいない環境《かんきょう》だと、親戚《しんせき》のおじさんとか近所のお姉さんとか、身近な**ロールモデル**がかぎられてしまう。親も地元で就職し、地元で結婚《けっこん》するのが正しい姿だと信じていたりすると、そこからぬけ出すのはたいへんです。

ミナト 最初から自分の将来が決められてるみたい……。

ロダン 職業選択の自由というのは近代になってから生まれた考え方で、親の仕事を子どもがつぐのが当然だと思われてた時代が長かった。いまは選択の幅《はば》がものすごく広がったけれど、身近にそういう人がいないと、そもそも別の選択があるということに気づかない可能性が

ろ ロールモデル

お手本としてマネしたくなるような行動や考え方をする人のこと。自分も将来あんなふうになりたいと思える人が身近にいると、モチベーションにもなるし、具体的にどうすればその人に近づけるかを考えるヒントにもなる。恩師や指導者、よき先輩、親友など、尊敬できる人との出会いは人生において重要な転機となりうる。そういうモデルを何人かもっておくと、自分の理想とする姿が具体的にイメージできるようになるのでおすすめだ。

あります。

ナギサ　息苦しさを感じます。

ロダン　学校の先生が、外の世界を知るきっかけになることもある。「きみならもっといい高校、もっといい大学に行ける」と信じて、親も説得してくれる先生がいたら、あらかじめ決められた一本道からはずれて、目の前に広がる世界が一気に開けるかもしれない。

ミナト　やっぱり、だれと出会うかが重要なんだ！

強すぎる共同体意識はよそものを排除する

ロダン　住民がみんな顔見知りで、どこの家のだれが何をしたというのが全部つつぬけの濃密《のうみつ》なコミュニティが苦手な人にとっては、都会はやっぱりあこがれの対象です。だけど、一方で、その地方の中だけで人が循環《じゅんかん》する仕組みがあったからこそ、地方は荒廃をまぬがれてきたとも言えるんです。

ミナト　若い人がみんな都会に出ていってしまえば、地方はスカスカになっちゃう。

ロダン　たとえば、とある県では、地元の国立大学の医学部がいちばん優秀《ゆうしゅう》で、その次に優秀なのは、同じ大学の教育学部と決まっていたりする。その2つは別格だから、大学の卒業生で構成される**同窓会**《どうそう》も、その2つだけ別に組織されていたりするんです。かれらは地元の医者になり、地元の教師になり、地元の役人になる。同じ地方の中でグルグルと移動しながら、少しずつ出世して、やがて地元のエライ人たちの仲間入りをする。学校の入学式や卒業式に来賓《らいひん》として呼ばれるような人たちです。

ナギサ　あー！　この人たちはだれなんだろうっていつも思ってました（笑）。

ロダン　そういう人の移動サイクルのことを、政治学者の**ベネディクト・アンダーソン**は「巡《じゅん》礼《れい》」と呼びました。新大陸の植民地内を転々と移動する新大陸生まれの**クレオール**の役人たちは、決して本国スペインの役人にはなれなかった。でも、そのことによって、自分たちが「スペイン人」ではなく「（ラテン）アメリカ人」だと自覚することになっ

ど　同窓会

同じ学校・大学出身者でつくる団体で、校友会、学友会、OB（オールドボーイの略）会、OG（オールドガールの略）会などと称することも。同学年・同クラスの旧友たちが気まぐれに集まる「同窓会」という名の飲み会とちがって、歴代の卒業生（や教職員）が属するれっきとした団体で、寄付などで会費を集め、就職先の業種別の会もあり、タテ・ヨコのつながり（いわゆるコネ＝コネクション）が強い同窓会では、仕事上の取引や就職などで有利になるケースもある。

べ　ベネディクト・アンダーソン

アメリカの比較政治学者で、多民族国家インドネシアの研究で知られる。巡礼の話はナショナリズムを考えるうえでの必読書『想像の共同体：ナショナリズムの起源と源流』に出てくる。読みごたえのある分厚い本だが、学生時代に読破すれば、知的満足を得られるはず。

く　クレオール

「植民地生まれの人」を意味するフランス語。スペイン語では「クリオーリョ」という。本国イベリア半島生まれのスペイン人ではなく、新大陸生まれの白人をそう呼んだ。クレオールは先住民であるインディオ、アフリカから連れてこられた黒人奴隷、メスティーソ（白人とインディオとの間に生まれた人）、ムラート（白人と黒人との間に生まれた人）、サンボ（インディオと黒人のとの間に生まれた人）からなる植民地社会の支配層であり、本国からの独立運動の主体となった。

たわけです。

ナギサ ここは自分たちの土地であって、母国スペインのものじゃない、と。

ロダン 聖地メッカ巡礼がイスラム教徒の同胞《どうほう》意識を高めたように、クレオールたちの巡礼が、それまで自覚されていなかった国家の枠組《わくぐ》みを定め、そこに暮らす人たちの同胞意識を育てる。つまり、人の移動サイクルによって、どこまで自分たちの影響《えいきょう》力がおよぶのか、どこまでが「自分たちの内なる世界」であり、どこからは「よその世界」なのかが意識されるようになる。

ナギサ 「内」と「外」の境界線が決まるわけですね。

ロダン そうしてできた共同体意識が**ナショナリズム**を生んだというのが、アンダーソンの考えです。会ったこともない人を「同じ日本人」だと思い、死ぬまで会わないだろう「同じ日本人」を守るために、いざとなったら自分を犠牲《ぎせい》にして戦うこともいとわない。家族や友だちのためならわかるけど、見ず知らずの他人のために命を落とすなんて、本来おかしな話なはずなのに、どういうわけか、それが受け入れられてしまうのが

な　ナショナリズム

①バラバラだった国家（ネイション）を統一し、②他国による支配から独立して、③勢力を維持・拡大しようとする運動のこと。①は国内統一（戦国時代と天下統一）、②は独立運動や他国の侵略から自国を守る防衛戦、③は他国への侵略（帝国主義）や移民排斥《はいせき》の形をとりやすい。①②は国民国家（ネイションステイト）成立の条件だが、それが実現した後もナショナリズムの高揚感がおさまらず、加熱してしまうと、③に陥る危険がある。自国ファーストのナショナリズムは、地球全体を1つとみなすグローバル化と対立し、異民族を排除するナショナリズムはダイバーシティと対立する。

ミナト ナショナリズムの不思議な力であり、こわいところでもあります。オリンピックやワールドカップでも、ナショナリズムが盛り上がる。

ロダン 国というのは、それくらい求心力があるということです。スポーツで盛り上がっている分にはいいけれど、それが**レイシズム**と結びつくと問題です。中南米からの移民、アフリカからの移民問題でゆれるアメリカとヨーロッパでは、移民排斥《はいせき》をうたう極右勢力がのびている。そんな時代だからこそ、異質な人たちを受け入れ、共存するダイバーシティ（多様性）が強く求められているんです。

ナギサ 本当に、何度も何度もすりこんでおかないと、すぐに、いじめの論理が顔を出してしまうんですね……。

地元のつきあいから飛び出したい

ロダン 話が脱線《だっせん》したから元にもどすと、同じ土地の中で人が循環するしくみがあるからこそ、地元には地元のコミュニティがあるわけです。同じしくみが国全体で回れば、ナショナリズムを生み出すきっかけになるけど、1つの地域で完結していれば、それは地元

れ　レイシズム

白人は黒人よりも優れている、先住民は劣等人種だから自分たちが支配しなければならないなど、人種や民族そのものに優劣があるとする立場。人種差別や民族差別は、ナチス・ドイツによるホロコースト（ユダヤ人虐殺）、南アフリカのアパルトヘイト（人種隔離政策）、ユーゴスラビア紛争における民族浄化など、数多くの悲劇を生んできた。遺伝学的には否定されているにもかかわらず、現在でも他人種を見下したヘイトスピーチがあとを絶たない。

愛になるわけです。

ミナト 地元大好き、ジモティの世界だ！

ロダン そっちのほうが変に気をつかうことなく、ラクでいいという人もたくさんいます。そういう人がいるから、地域経済が回っているんです。若い人がみんな都会に出ていってしまったら、地方が衰退《すいたい》するのはさけられません。

ナギサ お年よりしか住んでない過疎《かそ》地域がふえていると聞きました。

ロダン ただ、それは地域全体の話であって、みなさん1人ひとりのレベルでは、地元のつきあいが楽しいという人もいれば、そういう輪の中に入れなくて苦しんでいる人もいる。いくつになっても学校時代の上下関係がなくならないなんて、息苦しくてたまらないという人は、はなれた土地に引っ越すか、別の地域の大学や就職先を目指すことになります。

ナギサ 相談できる大人がいないと、きびしそう……。

ロダン お父さん、お母さんに理解があれば、それにこしたことはない。でも、そうじゃないからといって、あきらめることはない。担任の先生、進路指導の先生、塾の先生やチューター、進学校に進んだ先輩、都会で暮らす友だちのお兄さんやお姉さん、親戚のおじさん、おばさん……。その気になれば、ツテはどこかに見つかるものです。

ナギサ 大人の力を借りなさい、ということですね。

ロダン その人はなぜそこに行ったのか、どうやって地元から抜け出したのか、そのために何をすればいいのか。直接話を聞くことができれば刺激《しげき》になるし、相手もきっと親身になって相談に乗ってくれるはず。たとえ直接話はできなくても、そういう人がいると知るだけでも意味があります。あの人にできたのなら、自分にもきっとできる。そう信じることができたら、あとは実際に「やるか、やらないか」だけの問題だからです。

ミナト やらないってことはないよね。

世代から世代へ受け継がれる

ロダン ぼくのところには、毎年、いろんな人が相談にやってきます。ここでは、そのうちの1人――仮にAさんと呼ぶことにします――について、少し話をさせてください。Aさんはもう社会人になっていますが、はじめてぼくのところにやってきたときは、せっかく入った**Fラン**大学を5日で中退して、運送のアルバイトをしながら、ネットに入りびたって**ネトウヨ**のようなことをしていたそうです。本人も、そんな生活に嫌気《いやけ》がさしていたんでしょ

え Fラン大学

選びさえしなければだれでも大学に入学できる「大学全入時代」にあって、定員割れのため願書を出せばほぼ合格できる、事実上無審査の大学・学部がいくつも登場した。そうした大学は低偏差値なことが多いため、河合塾による大学受験難易度予想ランキングの分類によって、「ボーダーフリー(BF)ランク→Fランク大学→Fラン大学」と呼ばれるようになった。

う。ある日、知り合いの塾の先生を通じて、ぼくのところに「ちゃんと大学に入り直して勉強したいから、勉強を見てほしい」と言ってきたんです。

ミナト　改心したんだ。

ロダン　ところが、ずっと勉強をサボってきたから、偏差値は30くらいしかない。そこで、塾の先生と手分けして、かれが英語を、ぼくが世界史を教えることになりました。それが6月のことで、まずカチッとした文章が読めないから、世界史Aの教科書を穴埋《う》め式のドリルで全部さらった。続いて、世界史Bは書き込み教科書に書き込んで、毎日FAXで送ってもらいました。さらに、世界史の問題集を最初から最後まで2回くり返してから、模試を受けさせたら、世界史の偏差値がいきなり78になったんです。

ナギサ　すごい!!!

ロダン　最終的には偏差値83まで行って、全国で10位くらいになった。それが自信になって、結局、本人が志望していた大学に無事合格することができたんです。

ミナト　よかった!!!

ロダン　この話には後日談があって、Aさんがちゃんと大学に入り直したことで、それまでギクシャクしていた家族との関係も改

ね　ネトウヨ

ネット右翼の略。たいてい匿名で人種差別発言やヘイトスピーチをSNSなどに書き込む。反日的な意見の持ち主に対しては、いやがらせや誹謗中傷《ひぼうちゅうしょう》の書き込みを執拗《しつよう》にくり返す。マスゴミ(マスコミのこと)は本当のことを書かない、真実は別にあると主張して「陰謀論」にハマる傾向が強い。

善したということでした。Aさんにも学歴コンプレックスがあったのかもしれないし、ご両親にもそんな息子さんを恥ずかしいと思う気持ちがあったのかもしれません。

ミナト 他人事《ひとごと》じゃないかも……。

ロダン Aさんはたまたまうまく行ったからよかったけど、ぼくにとっても決して簡単なことではありませんでした。Aさんのために毎日時間をつくらなければいけないのに、わざわざぼくを頼ってきてくれた人から、お金なんてもらえません。

ミナト 全部タダだったんですか！！！

ロダン 最初のころは毎日のように問題が発生して、1日2時間、3時間もかかりきりになっていました。1人の人間が独り立ちするまで、何年にもわたって面倒を見ていたら、やっぱりものすごいエネルギーがいるんです。

ナギサ でも、Aさんにとっては、もしロダン先生がいなかったら、もっとたいへんなことになっていたはず。

ロダン そう言ってもらえると、ぼくとしてもやったかいがあります。ぼくはたまたま、経済的に多少余裕《よゆう》があったからできたんだけど、自分のできる範囲《はんい》で、少しでも世の中をよくしたいという思いはつねにあります。そういうぼくの姿を見た人たちが、将来、次の世代の子どもたちに手をさしのべてくれたら、こんなにうれしいことはありません。そういう世代から世代へと受け継がれる連鎖《れんさ》をつくることができたらいいなと

　　　　思っています。

ミナト　そんなことをしてくれる人がいたら、一生忘れないと思う。

ナギサ　自分も、そういう人になりたいです。

〜・〜・〜・〜・〜・〜・〜・〜・〜・〜・〜・〜・〜・〜・〜・〜・〜・〜・〜・〜

カランカラン。

鈴《すず》を鳴らしながら、ナギサとミナトが「ともしび」の扉《とびら》を開けて出てきた。

心なしか顔が赤らんで見えるのは夕焼けのせい？　それともロダン先生の話に興奮《こうふん》したからだろうか？

「ロダン先生に出会えてよかった」ナギサは大きく息を吸うと、そうつぶやいた。「わたしもロダン先生みたいな大人になりたい」

「わかる気がするな——」ミナトはナギサの横顔にちらりと目をやった。

満足そうな表情のナギサを見て、一瞬《いっしゅん》ミナトの心をよぎったのは、なんだったんだろう。嫉《しっ》妬《と》？　うらやましさ？　いやいや、ロダン先生に嫉妬するなんて、ありえないだろ。

「そういえばさ、おれたち、いっしょに帰っちゃマズいんだったよな」

ミナトはそう言って、自分の動揺《どうよう》をナギサに悟られないようにした。

「あ〜、それね。もうどうでもいいかなって」

思ってもみない返答に、ミナトはドギマギしてしまった。

「どうでもいいって？」

「ほかの人が何を言おうと、気にしなくていいかな〜って。なんだかバカらしくなっちゃった。だいたい、わたしたち、つきあってるわけじゃないじゃん」

「……お、おう。そうだよな」そうなんだけどさ、と続けることはできなかった。

「だから、今日はいっしょに帰ろう」

「うん――」

いっしょに帰れることはうれしかったが、

「わたしたち、つきあってるわけじゃないじゃん」

という言葉が耳に残り、すなおに喜べないミナトだった。

エピローグ　ふたりの勉強部屋

この3日間の「特別授業」をきっかけに、ナギサとミナトはそれからほぼ毎週、ロダン先生の待つ私設図書館「ともしび」に通った。

ロダン先生との話はいつも楽しかったが、会話は冒頭《ぼうとう》の10分くらいで切り上げ、残りの時間はそれぞれ好きな勉強をしよう、と言い出したのは、なんと、ミナトのほうだった。

相変わらずバスケ中心の生活を送っていたミナトにとって、週1回でも数時間、机に座って集中する習慣が身についたのは大きかった。わからないことがあれば、その場で質問できるナギサの存在がなにより心強かったことは、言うまでもない。

ナギサは「気にしないで」と言ってくれてたし、ミナトもナギサの助けなしでは授業についていくのもやっとだったが、わからないからといって、毎回質問攻《ぜ》めにしていては、ナギサの勉強時間をうばうことになると気がついた。

そんなことをしてたら、いつかナギサに愛想を尽《つ》かされてしまうかもしれない……。

そこでミナトは、せめて「どこがわからないか」だけはわかろうと考えた。「どこがわから

ないか」がわからないと、必要以上にナギサに迷惑をかけてしまう。逆に、「ここまでは理解できている」とわかっていれば、そこは自分で復習できる。どうしてもわからなくて質問するときも、具体的に「ここがわからない」と聞けば、ナギサも適切な答えを返してくれるはずだ。

ミナトはそれで、学校の授業をまじめに聞くようになった。毎日バスケの練習でクタクタで、家に帰ってから自習する気力は残っていなかったので、授業時間を有効活用するしかなかったからだ。授業中にわからなかったところをチェックしておいて、それを前日の火曜の夜に質問の形でノートに書き写し、次の日に「ともしび」でナギサにぶつけることにしたのだ。

最初のうちは、うまく質問をまとめられなかった。この問題がわからないということはわかっても、その問題のどこが引っかかっているのか、その原因まではよくわからなかったからだ。ところが何度も失敗し――そのたびにナギサに笑われたり、なぐさめられたりして、ミナトのプライドは傷ついた――、くやしさをバネに頭を使ってあれこれ考えているうちに、だんだん「ここがわからない」と、わからないところをピンポイントで指摘《してき》できるようになっていった。すると不思議なことが起きた。質問をノートにまとめるだけで、わかっちゃうことがふえたのだ。

学校で習う勉強、とくに社会とほとんどの理科については、単純に「知らない」「覚えていない」からできないだけで、できるようになるには、自分で覚えるしかないことがわかった。ナギサに質問しようにも、「自分で調べる」だけで解決してしまうことがほとんどだったからだ。英語はもうちょっと複雑で、ただ単語を丸暗記すればいいというわけじゃなく、文法のルールもおさえておかなきゃいけないことはわかったけど、それも自分でやればすむ話で、何度もくり返すうちに、なんとなく身についてきたようだ。

数学と、グラフや計算が必要な一部の理科――状態変化や化学変化、電流など――については「どこがわからないかわからない」状態がしばらく続いた。しかし、ロダン先生に教わったスモールステップに分けるやり方(2日目「第9の質問」96ページからの内容)を思い出して、「自分がどこにつまずいているか」がわかるまで問題を細かく分解し、できないところを1つひとつ、つぶしていけるようになると、苦手な分野が少しずつ減っていった。まだケアレスミスがゼロというわけにはいかないけど、計算のしかたでなやむことはなくなった分、もっと問題の意味を考えられるようになってきた気がする。

一方、ナギサにとっても、「ともしび」で過ごす時間は、貴重な学びの場となった。ミナトの質問にはとまどうことも多かったけど、何度も聞いていくうちに、ミナトがどこで引っかかっているかわかるようになり、ミナトの理解度に合わせ、かみくだいて説明できるようになった。そうすることで、自分でもあいまいだったところがクリアになり、より深く理解できるようになった。そういえば、ロダン先生も「教えることで、自分の理解も深くなる」って言ってたっけ（2日目「第14の質問」１４３ページからの内容）。

毎週水曜日の2人だけの勉強会は、中3の夏休み前まで続いた。ミナトは中学最後の大会に向けて、バスケの練習に余念がなかったし、ナギサも夏休みは夏期講習で忙《いそが》しかったからだ。ミナトのチームは、おおかたの予想を超《こ》えて地区大会を勝ち上がり、県大会に出場した。残念ながら初戦で敗れてしまったものの、バスケ部の躍進《やくしん》は学校でも話題となり、チーム全員にとって、忘れられない夏になった。

ナギサとミナトのその後はどうなったかって？　2人ともつきあったつもりはなかったが、自分たちの関係を学校でかくそうとはしなかったので、みんなから「公認の仲」とみなされていた。それについて、ナギサはいつも文句を言ってた——「わたしたち、つきあってないよね！」というのが口ぐせだった——けど、だからといって、わざわざそれを否定して回るようなことはなかった。

ロダン先生の「3日間の特別授業」は一生の宝物として記憶に残ることになる。
だけど、ふたりの物語はまだ始まったばかりだ。

この本を読んでどのような感想を持たれたでしょうか？

両親との関係、約束の重要性、ジェンダー問題、能力主義、お金の意味、学校が抱える問題、教師との関係、いじめ問題、不登校への対処、受験勉強の意味、多様性、個性、格差、都会と地方など中学生以降、だれもが直面する問題について、ナギサとミナトの質問に対してロダン先生が素直に答える形態で記述を進めました。その際気をつけたのは、ロダン先生が2人の中学生に自分の考えを押しつけないようにすることでした。ロダン先生は自分の知識と経験値から、誠実にアドバイスをしますが、その内容をどう受け止めるかはナギサとミナトの自主性にまかせています。自我が確立している中学生に対しては、1人の大人として、対等の人格として向き合うことがとても重要と私が考えるからです。

自身を振り返ってみると、私は中学生時代によい大人たちと出会うことができたと思っています。特に私の人格形成に強い影響を与えたのが、埼玉県大宮市（現さいたま市）にあった学習塾「山田義塾」で国語を担当していた岡部宏先生（故人）と、同県上尾にあった「早慶学院」で数学を担当していた柏木正和先生です。

岡部先生は、早稲田大学商学部を卒業後、一時、出版社につとめ、学習塾の先生に転じました。自分の出版社を創設する資金を貯めるために塾の教師を始めたようですが、途中からこの仕事に面白さを感じるようになり、後には埼玉県蕨市に「早慶ゼミナール」という学習塾を作りました（もっとも数年でこの事業からは撤退し、会社を経営するようになりました）。岡部先生と出会うまで、私はアマチュア無線に熱中する電波少年でした。岡部先生から最初は小説（第1回目の課題図書はモーパッサンの短篇小説『首飾り』でした）、それから哲学書や文芸批評書の読み方を教えてもらいました。それまで、エネルギーのほとんどを費やしていたアマチュア無線にまったく興味が持てなくなり、無線機はほこりをかぶるようになりました。岡部先生と知り合う前、中学1年生（1972年）秋より以前は、本棚には無線工学やラジオの組み立て方に関する本や旧日本陸軍・海軍の軍用機に関する本（アマチュア無線に熱中する前は、軍用プロペラ機のプラモデルばかりを私は作っていました。ただし、奇妙なこだわりがあり、1／72のプロペラ軍用機以外には関心がありませんでした。戦車や軍艦はもとよりジェット機のプラモデルにもまったく興味が持てませんでした）が合計20冊程度しかありませんでしたが、2年生になるころには500冊、中学を卒業するときは2000冊くらいの蔵書を持つようになりました。ひまさえあれば本を読んでいるという生活が、1972年秋からもう51年も続いていることになります（蔵書は5万冊を超えました。自宅と自宅周辺のマンション5室、箱根の仕事場に分散して収納しています）。

柏木先生は、灘中高から東京大学工学部と大学院工学研究科に進んだ秀才でした。塾での授業とは別に先生の下宿や喫茶店で、数学の公理系や、哲学についていろいろ教えてもらいました。学知を伝授するにあたって対価をとってはならないという考えを強く持っている先生で、私が同志社大学で教えている学生にボランティアベースで特別の指導をしているのも、柏木先生から受けた学恩を返すという意味合いがあります。このようにして世代を超えた「知の贈与」が連鎖していくのだと思います。

学習塾だけでなく、私が通っていた大宮市立（現さいたま市立）植竹中学校で、3年間、英語を指導してくださった早川剛先生からも強い影響を受けました。早川先生は2年生のときの担任でもありました。熱心な組合（日教組）活動家でしたが、教育に賭ける情熱も人一倍強かったです。特に英語に苦手感を持ち、成績の振るわない生徒たちを学校に残しててていねいに指導していました。一人の落ちこぼれも出さないという教育を実践していました。私は英語が比較的得意だったので、1年生のときに早川先生は、早回しで2年生、3年生の教材も与え、勉強をどんどん先に進めてくれました。また、「佐藤は海外への関心が強いから、外国人と文通するといい」と言って、文通のマニュアル本を貸してくれました。この本には数十カ国の文通あっせん団体が出ていました。アメリカ人やイギリス人だと相手の英語がうますぎてついていけないと思い、ドイツ、オランダ、ソ連、ハンガリーの文通あっせん団体に手紙を出したら、ハンガリーの団体からだけ返信がありました。そしてブダペストに住む私より4歳年上のスジゲトヴァリ・フェレンス君（愛称フィフィ）を紹介してくれました。フィフィとの文通を通じて、私は英語に対する関心を強めるとともに、社会主義国に住んでいる人々の生活に関心を持つようになります。高校（埼玉県立浦和高校）1年生の夏休みに、私はソ連と東欧諸国に旅行します（この詳細については『十五の夏』［上下2巻］幻冬舎文庫に詳しく記しました）。この旅行で私の目は大きく海外に開かれます。今になって振り返ると、早川先生が私に海外文通を勧めなかったならば、私の人生はかなり異なっていたと思います。

ところで、私は今年6月に腎臓移植手術（ドナーは妻）を受けました。それまではずっと血液透析を受けていました。2022年1月に透析導入になった時点で医師から余命は8年程度と宣告されました。今回、腎臓移植に成功したので余命は倍以上に伸びました。そのせいか日本的霊性について考えることが多くなりました。この種の事柄は、書籍を通じて頭で理解するだけでは不十分で、体験する必要があります。そこでお遍路をして、秩父三十四札所を巡ってみたいと考えています。秩父三十四札所は、観光化に背を向けて、信仰を重視しています。私は三十四札所の四番の金昌寺（荒木寺）を中学2年生（13歳）のとき同級生と、大学浪人のとき（18歳）1人で訪れたことがあります。早川先生が子どもの頃、金昌寺で育ったからです。早川先生に「お父さんはお坊さんなのですか」と尋ねると、「そうじゃない。うちはちょっと家庭環境が複雑なので、僕はずっと寺で育った」という答えなので、それ以上は聞きませんでした。早川先生は埼玉県立飯能高校出身でした。当時の秩父の秀才が歩むのが飯能高校から埼玉大学というコースでした。早川先生は埼玉大学の養育学部で英語科を専攻しました。

中学2年生のとき、放課後、ときどき私は教室に残って早川先生と1、2時間、いろいろな話をしました。ちょうどこの本のロダン先生のような役割を早川先生は果たしていました。早川先生は私に「教育においては、仏教の慈悲という考え方がとても重要だ。佐藤は教会に通っているけれど、キリスト教の愛も仏教の慈悲に近い考え方なのだと思う。自分の能力を、自分や家族のためだけではなく、社会のためにも使う人間になってほしい」と繰り返し言われました。私は中学・高校時代、将来は中学校の英語教師になって伊豆七島のどこかで働きたいと思っていました。沖縄の久米島出身の母親が「離島では、学校教師が生徒に与える影響はとても大きい」という話を聞いていたので、離島の中学生に英語に関心を持たせるような仕事をしたいと思ったのです。同時に知らず知らずのうちに早川先生の生き方から影響を受けていたのだと思います。

さて、国際情勢は現在、大きく変化しています。2022年2月に始まったロシアによるウクライナへの侵攻に加えて、今年10月からはイスラエルとパレスチナ・ガザ地区のイスラム教スンナ派武装集団ハマスとの間で本格的な武力衝突が始まっています。ウクライナの事態もイスラエルの事態もいずれも事実上の戦争です。2つの戦争が国際社会全体に大きな影響を与え、これから開戦前夜のような雰囲気が地球を覆おうと思います。そのときに若い人を含め、われわれに求められるのは自分の頭で情報を取捨選択し、情勢を分析し、判断する能力です。そのような能力をつける上でも、ナギサ、ミナト、ロダン先生とのやりとり（少しむずかしい言い方をすると「弁証法的構成」になっています。弁証法とは誠実な対話を通じて考えを深めていく方法です）から学べることが少なからずあると私は信じています。

本書を上梓するにあたっては（株）Gakkenの編集者・古川有衣子氏、フリーランスの編集者兼ライター・田中幸宏氏にたいへんお世話になりました。どうもありがとうございます。

2023年10月　曙橋（東京都新宿区）の自宅にて。

佐藤優（作家・元外務省主任分析官）

正しさってなんだろう
14歳からの正義と格差の授業

2023年12月5日　第1刷発行

著　　者　佐藤　優
発 行 人　土屋　徹
編 集 人　滝口勝弘
編集担当　古川有衣子
発 行 所　株式会社Gakken
〒141- 8416　東京都品川区西五反田2-11-8

印 刷 所　中央精版印刷株式会社

●この本に関する各種お問い合わせ先
本の内容については、下記サイトのお問い合わせフォームよりお願いします。
https://www.corp-gakken.co.jp/contact/
・在庫については　Tel 03-6431-1201（販売部）
・不良品（落丁、乱丁）については　Tel 0570-000577
学研業務センター　〒354-0045 埼玉県入間郡三芳町上富279-1
・上記以外のお問い合わせは　Tel 0570-056-710（学研グループ総合案内）